W9-AAR-654

747
DESIGN

ZION BENTON PUBLIC
LIBRARY DISTRICT
Zion, Illinois 60099

B

DEMCO

Diseño *IV*

Design *IV*

CASA & ESTILO
INTERNACIONAL

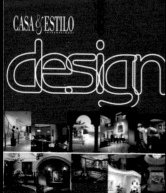

XII

Ani

CASA & ESTILO
INTERNACIONAL

design

iversario

Doce años dedicados a la promoción de los más exquisitos talentos y conceptos del mundo del diseño, la arquitectura, la decoración de interiores y el arte.

Doce años en los cuales **Casa & Estilo Internacional** se ha destacado como la publicación Hispana más importante y reconocida de su industria.

Sea usted también parte de nuestro exclusivo mundo. Permita al mercado Hispano de alto poder adquisitivo conocer los productos y servicios que su empresa ofrece.

Anúnciese en

CASA & ESTILO

INTERNACIONAL

Su punto de encuentro con el mundo del diseño, la decoración, el arte y la arquitectura.

Para suscripciones, llamar al **1-800-848-0466**.
Para anunciar sus productos o empresa, llamar al **1-800-848-0466** o escribir a **janino@casayestilo.com**.

Design IV / *Directory*

Ugo Campello
PUBLISHER / EDITOR

José Alfonso Niño
EDITOR IN CHIEF / DIRECTOR

Carolina Lafuente
ART DIRECTION / DIRECCIÓN DE ARTE

Enrique J. Pérez
MARKETING DIRECTOR / DIRECTOR DE MERCADOTECNIA

Joel Pinto, Rosi Roque, Ro Ozdemirci, Alberto Menocal
SALES EXECUTIVES / EJECUTIVOS DE VENTAS

Mary Gianetti
CIRCULATION MANAGER / DIRECTORA DE CIRCULACIÓN

José A. Niño Jr.
INTERNET DIRECTOR / DIRECTOR DE INTERNET

Margarita Alamo de Niño
INTERNATIONAL COORDINATOR / COORDINADORA INTERNACIONAL

Claudine Sanmiguel
EDITORIAL ASSISTANT / ASISTENTE EDITORIAL

CORPORATE OFFICES / **Oficinas Centrales**
12182 SW 128th Street. Miami, Florida 33186
Ph / Tel.: 305-378-4466 • 1-800-848-0466
Fax 305-378-9951 • www.casayestilo.com
Email: **janino@casayestilo.com**

PRINTED BY IMPRELIBROS S.A. IN COLOMBIA / Impreso por Imprelibros S.A. en Colombia -

CASA & ESTILO INTERNACIONAL MAGAZINE (ISSN 1521-8287) AND CASA & ESTILO INTERNACIONAL DESIGN VOL. IV (ISBN 0-9677206-2-1) ARE PUBLISHED BY **LINDA INTERNATIONAL PUBLISHING, INC,** / La revista Casa & Estilo Internacional (ISSN 1521-8287) y el libro Casa & Estilo Internacional Diseño IV (ISBN 0-9677206-2-1) son publicados por LINDA INTERNATIONAL PUBLISHING, INC.

Diseño IV / *Directorio*

Design IV / *Content*

Diseño IV / *Contenido*

Design IV / *Table of Contents*

Design IV / *Table of Contents*

ALFREDO BRITO

ALFREDO BRITO.

1000 Quayside Terrace - Suite 412
Miami, Florida 33138 USA
Telf. 305.895.8539
Fax 305.893.1962
www.britointeriors.com

ALFREDO BRITO carries on the tradition of creating elegant interiors at his renowned design firm.

This famous award-winning interior designer continues to reap accolades for his successful designs, having won two important awards for the Orlando, Florida, residence depicted here, constructed by Silver Sea Homes.

Because of its beauty and creativity, his work is frequently solicited for publication by leading national and international magazines.

Based in Miami, Florida, his firm focuses on residential and commercial interior design. He also specializes in showroom design for fine furniture companies, including the creation of spectacular store windows in great cities such as Buenos Aires, New York and Madrid.

Today, Brito is developing his own furniture line in conjunction with the respected long-time Argentinean company, Amalio Russo.

In all his interior designs to date, refinement and contemporary sophistication are strongly defined, focusing on quality and comfort.

With access to the best in design, his interiors bear the indelible mark of this talented professional who fulfills the needs and manages the budgets of his clients, providing great service and personal attention to each design project.

ALFREDO BRITO continúa con la tradición de crear elegantes interiores en su renombrada firma de diseño.

Este famoso diseñador de interiores ha sido premiado en numerosas ocasiones y sigue cosechando triunfos al ganar dos importantes premios en la residencia aquí publicada, localizada en Orlando, Florida, y construida por "Silver Sea Homes"

Su trabajo es constantemente solicitado para ser publicado en importantes revistas nacionales e internacionales por su belleza y creatividad.

Su empresa, con base en Miami (Florida), enfoca su trabajo hacia el diseño interior residencial y comercial. Además, se especializa en diseño de "Showrooms" para compañías fabricantes de muebles finos, destacándose en la creación de espectaculares vidrieras que son admiradas en grandes ciudades como Buenos Aires, Nueva York y Madrid.

Hoy por hoy, Brito está desarrollando su propia línea de muebles en conjunto con Amalio Russo, una antigua y respetada firma argentina.

Como todos los interiores que ha diseñado hasta ahora, el refinamiento y la sofistificación contemporánea están fuertemente definidas y enfocadas hacia la calidad y el confort.

Con acceso a lo mejor del diseño, sus interiores llevan el sello de este indiscutible profesional que, con gran atención e interés, maneja las necesidades y presupuestos de sus clientes.

Left Store window in Buenos Aires.
Izquierda Detalle de vidriera en Buenos Aires.

Above This contemporary style living room designed in neutral colors can be seen
at a store window in downtown Buenos Aires' Calle Libertad.
*Arriba Esta sala de líneas contemporáneas y diseñada en colores neutrales puede
verse en la Calle Libertad, del centro de Buenos Aires.*

Above An Orlando, Florida, residence's transitional dining room in neutral colors.
Arriba Comedor transicional en colores neutrales en una residencia de Orlando, Florida.

Right Cozy family room designed in blue and white.
Derecha Acogedor family room diseñado en azul y blanco.

Above To take maximum advantage of the lake views, the designer selected simple window shades and furniture with clean lines.
Arriba Aprovechando al máximo la vista del lago, el diseñador seleccionó simples "shades" para las ventanas y líneas muy limpias para los muebles.

Right This conversation area reflects this home's neutrality and harmony.
Derecha Este área de conversación mantiene la neutralidad y armonía que se aprecia en la casa.

Left The focal point of the master
bedroom in this residence is the bed's
Victorian inspired wicker headboard.
Izquierda *El punto focal del
dormitorio principal de esta
residencia es la cabecera
de la cama. Es de rejilla y tiene
inspiración victoriana.*

Right Contemporary bathroom with
palms as a decorative element.
Derecha *Baño contemporáneo, con
elementos decorativos de palmas.*

Above Mediterranean flavor kitchen designed in neutral shades.
Arriba La cocina fue diseñada en tonos neutrales y sabor mediterráneo.

Left The master bath continues the neutrality and elegance of the master bedroom.
Izquierda El baño principal continúa con la neutralidad y elegancia del dormitorio matrimonial.

Above With romantic white crepe sheers that sway with the wind, the loggia has an exotic and welcoming ambiance.
Arriba   En la logia el ambiente es exótico y acogedor, donde románticas cortinas de gasa blanca se mueven con el viento.

Below Lovely white and blue dining room, ideal for alfresco dining.
Abajo   Hermoso comedor blanco y azul, ideal para esas cenas "al fresco".

Above This dramatic room was created in Buenos Aires for the Amalio Russo company.
Arriba Esta dramática habitación fue creada en Buenos Aires para la firma "Amalio Russo".

Left Detail of the room above.
Izquierda Detalle de la habitación superior.

GEOFFREY HESS VIZCAÍNO

GEOFFREY HESS VIZCAÍNO

H&C, S.A.
32 Avenida 8-86 Zona 10,
Colonia El Prado.
Ciudad de Guatemala, Guatemala 01010.
Teléfono: 502-2369-7330
Fax: 502-2369-4322
geoffreyhess@yahoo.com
www.habitart.net/hess

GEOFFREY HESS VIZCAÍNO graduated in 1984 with a degree in architecture from the School of Architecture at Universidad Rafael Landívar in Guatemala. Subsequently, he studied landscape architecture in 1986 at Universidad Francisco Marroquín, under a collective agreement with Louisiana State University. He has been a professor of architectural design at Universidad Francisco Marroquín as well as at Universidad Rafael Landívar. Having participated in various competitions, he won the Club de Polo Amatitlán and was a finalist in the design of the new building for the Alianza Francesa de Guatemala in 2004. Currently, he specializes in the design and construction of single-family homes, apartments and office buildings, and is the proprietor of the construction firm Constructora H&C, S.A.

GEOFFREY HESS VIZCAINO se gradúa de Arquitecto en 1984 de la Facultad de Arquitectura de la Universidad Rafael Landívar de Guatemala; posteriormente realiza estudios de arquitectura del paisaje en la Universidad Francisco Marroquín en conjunto con Louisiana State University en 1986. Ha sido Catedrático de Diseño Arquitectónico en la Universidad Francisco Marroquín y también en la Universidad Rafael Landívar. Ha participado en varios concursos, ganando el Club de Polo Amatitlán y finalista en el diseño del nuevo edificio para la Alianza Francesa de Guatemala 2004. Actualmente se especializa en el diseño y construcción de residencias, edificios de oficinas, y apartamentos. También es propietario de la Constructora H&C, S.A.

Opposite page The open design of this beach house allows for the integration of different environments in a living room that is divided from the dining room by a fountain, with the kitchen located at the rear. Covered with royal palm straw, the rustic wood ceiling structure is mounted on top of white concrete columns and beams, creating a sharp contrast that embellishes the ambiance.
Página Opuesta El diseño de planta libre de esta casa de playa permite la integración de diferentes ambientes como la sala principal y una fuente que la divide del comedor, y así mismo vemos la cocina al fondo. La estructura del techo de madera rústica cubierto con paja de palma real montado sobre vigas y columnas de concreto blanco crea un alto contraste que embellece el ambiente.

Left The residence's master bedroom balcony has the perfect whirlpool, inviting relaxation and with a delightful view, roofed by a rustic wood pergola and a green climbing plant that softens the architecture.
Izquierda El spa perfecto en el balcón del dormitorio principal de la casa, invita a relajarse y gozar la vista, techado con una pérgola de madera rústica y una enredadera verde que suaviza la arquitectura.

Above A low rustic wood and straw ceiling, along with the furniture designed by architect Geoffrey Hess Vizcaíno, adds a cozy touch to the master bedroom of one of the three bungalows.
Arriba Esta es la recámara principal de uno de los tres bungalows cuyo techo bajo de madera rústica y palma da ese toque acogedor junto con los muebles diseñados por el arquitecto Geoffrey Hess.

Below Located in the top floor of the house, the family room has cross ventilation through the open clerestory, making this the ideal place to be in the afternoon to enjoy the breeze and view of the sea.
Abajo La sala familiar está ubicada en la planta alta de la casa cuya ventilación cruzada a través de esta claraboya en el techo hace de ésta el lugar de estar en las tardes para gozar de la vista al mar y la brisa.

Right The red stairway is the focal point in the great room and integrates the lower floor with the upper. The open plan allows elements such as the stairs to float within the space.
Derecha La escalera en rojo es el punto focal de la sala principal y sirve para integrar la planta alta con la planta baja. El diseño de planta abierta permite que elementos como estas gradas floten dentro del ambiente.

Above The whirlpool in the patio's social area enjoys a view of the pool and, in the background, the freshness of the garden and the black sand beach.

Arriba El jacuzzi forma parte del área social de la plaza que goza de la vista a la piscina y al fondo la frescura del jardín y la playa de arena negra.

Below The entrance façade depicts the use of terracotta and white colors, straw roofs, cobble stone floors, and wood doors and handrails—all in complete harmony with nature and the region.

Abajo Fachada del ingreso que muestra el uso de colores terra y blancos, los techos de palma, los pisos de adoquín de piedra, la madera de las puertas, pasamanos, y la vegetación de plantas del lugar están en armonía total con la naturaleza y el lugar.

Above The magic of water creates picturesque images such as this.
Arriba La magia del agua crea imágenes tan pintorescas como ésta.
Below The pacific blue pool flows into the leisure patio and is the primary view from the main house and bungalows
which surround it, providing privacy to the exterior spaces.
Abajo La piscina azul pacífico se convierte en la plaza donde juegan las personas. Está rodeada de la casa principal
y los bungalows, que la aprovechan como vista y le dan privacidad a los espacios exteriores.

Left In this view of the main entrance of the house in Capuchinas, the combination of the landscaping, broken concrete floors and red brick integrate nature to this Guatemala City site.
Izquierda Vista del ingreso principal de una casa en Capuchinas. La vegetación y los pisos de concreto picoleteado con el rojo del ladrillo integran la naturaleza a un sitio dentro de la ciudad de Guatemala.

Above The stained glass doors flood the residence's main foyer with light. In combination with the fine mahogany wood furniture and a painting by a local artist, the column that supports the arch dividing the living and dining rooms imparts elegance.
Arriba El vitral de la puerta ilumina el ingreso principal de la casa y además se aprecia la columna que sostiene el arco que divide la sala del comedor que imprime cierta elegancia en combinación de finos muebles de madera de caoba y una pintura de un artista local.

Above A lighting fixture that illuminates the double height zenith of the passage way connecting the master bedroom stands out in this interior view of the family room.
Arriba Vista interior de la sala familiar con un detalle de luz cenital que ilumina el puente que conecta al dormitorio principal y mira a la doble altura del ingreso a la casa.

Left The fireplace becomes the focal point that unites the dining and living rooms. The two areas are defined by the columns and arch, while the relief details in the faux sky ceiling accentuates the use of the space.
Izquierda La chimenea se convierte en el punto focal que une el comedor con la sala. Las columnas y el arco dividen el espacio así como los detalles de relieve en el cielo falso acentúan el uso del espacio.

ZION-BENTON PUBLIC LIBRARY

GUSTAVO ALBERTO LÓPEZ S.

GUSTAVO ALBERTO LOPEZ S.

Calle 14 No. 26-20
Edificio Los Girasoles
Barrio Los Alamos
Pereira - Risaralda - Colombia
Telf. (57) 310 455 3769
Fax (57) 6 321 5327
jojolosa@telesat.com.co

ARCHITECT and interior designer Gustavo Alberto López S. has achieved the perfect marriage of two attuned professions. He has accomplished this union with great style by complementing architectural space with decoration, resulting in completely comfortable and decidedly beautiful projects that are true works of art.

López, the designer, lends a magic touch to his decoration projects by utilizing elements full of color and meticulous design. He integrates and mimics the surrounding natural habitat with the different materials and textures chosen for all the details in his spaces. In this manner, a relaxing atmosphere that is appropriate for each place is formed, creating a state of well-being for its inhabitants.

Gustavo Alberto López infuses his projects with all his determination, designing unique spaces with great accuracy and precision. He gives shape to each client's different expectations, taking care of even the most minute detail in order to achieve an excellent marriage of environment, architecture, decoration, esthetic and beauty in each space.

ARQUITECTO y diseñador de interiores, Gustavo Alberto López S. ha sabido lograr a la perfección la conjugación de dos profesiones afines. Para conseguirlo, aprovecha con gran estilo la riqueza que le brinda el espacio arquitectónico que, al ser complementado con la decoración, convierten sus proyectos en verdaderas obras llenas de confort y belleza.

El diseñador López le da un toque mágico a sus decoraciones, utilizando en sus proyectos elementos llenos de color y diseño, haciendo que la naturaleza circundante se integre y mimetice con los diferentes materiales y texturas escogidos en todos los detalles que componen sus espacios. De este modo, se crea una atmósfera relajante, propia de cada lugar, llenando de bienestar a quienes lo habitan.

Gustavo Alberto López pone en sus proyectos todo su empeño en plasmar las diferentes expectativas de cada uno de sus clientes, creando espacios únicos realizados con gran exactitud y precisión, cuidando hasta el mínimo detalle todo lo que lleva a lograr una coordinación excelente entre el entorno, arquitectura, decoración, estética y belleza en cada espacio.

Left The main entrance, surrounded by a tropical landscape, is framed by two large columns and a splendid late 16th century Italian bronze fountain.
Izquierda El acceso principal está enmarcado por dos grandes columnas y una hermosa fuente de bronce italiano de finales del Siglo XIX, todo rodeado por la naturaleza del trópico.
Right In this Colombian residence of Neoclassical style, the water and landscaping create a beautiful tropical ambiance.
Derecha En esta residencia colombiana de influencia neoclásica, los elementos de la naturaleza -como el agua y la vegetación- se conjugan de forma armoniosa y tropical.

Right The architectural symmetry is complemented by the choice of furnishings to create an elegant and stately foyer.
Derecha La simetría de la arquitectura se complementa con la selección del mobiliario para crear un vestíbulo caracterizado por la elegancia y la sobriedad.

Below The master bedroom is done in monochromatic beige and ocher hues, resulting in a relaxing ambiance conductve to rest.
Abajo En el dormitorio principal se hizo un manejo monocromático del espacio en tonos beige/ocre, logrando un ambiente de tranquilidad que invita al descanso.

Above This classic-contemporary inspired living room is highlighted by the wood finishes of the floor as well as the furniture. All the elements are joined to perfection to form a social space with character and warmth.
Arriba De inspiración clásica contemporánea, esta sala tiene el encanto de la madera, que juega un papel importantísimo, tanto en el piso como en los muebles. Todo se conjuga a la perfección en una zona social de carácter y calidez.

Below *The furniture in this Indonesian influenced terrace is well integrated into its exuberant natural habitat. Another key touch is the use of white color in the curtains as well as the furniture, imparting a fresh and placid sensation.*
Abajo La terraza tiene influencia indonesia y los muebles se integran muy bien en la exuberante naturaleza. Otro detalle es el uso del color blanco, tanto en las cortinas como en los muebles. Todo crea sensación de frescura y placidez.

Above This Colombian terrace's rattan chairs are from a country home in Indonesia. The tables are made of "macana," a material that is in perfect harmony with the tropical vegetation.

Arriba Las sillas de ratán de esta terraza colombiana de una casa campestre provienen de Indonesia. Las mesas han sido elaboradas en macana. Son materiales que armonizan perfectamente con la vegetación tropical.

Above The design, color and lighting of the hallway of these youth sports clothing offices make it a dynamic and inspiring place.
Arriba El diseño, color e iluminación hacen del corredor de estas oficinas de diseño de ropa deportiva juvenil, un espacio dinámico e inspirador.

Right The inspiration for the ambiance of this retro-accented room was provided by the design and color mix of the area rug.
Derecha Sala de acento retro, mezclando diseño y color a partir de la alfombra, fuente de inspiración que crea la atmósfera del conjunto.

Left The influence of color in this bedroom's décor helps to breed sensations of tranquility or intimacy.
Izquierda La influencia que tiene el color en la decoración ayuda a crear atmósferas que producen diferentes sensaciones de tranquilidad o intimidad en la habitación.

Above The coupling of color with the different textures of wood, metal, crystal and cotton create a harmonious and relaxing space.
Arriba La conjugación de color, con las diferentes texturas como madera, metal, cristal, algodón, logran crear un espacio armonioso y relajante.

JANE PAGE DESIGN GROUP

JANE PAGE DESIGN GROUP

500 Durham
Houston, TX 77007
Telf. 713 803 4999
Fax 713 803 4998
info@jpdg.com
www.janepagedesigngroup.com
Foto:
Laura Timanus, ASID Allied
Amanda Crump, Marketing Director
Jane Page Crump, ASID
Kristen Carlson, ASID
Lisa Vaccaro ASID, Allied
Sarah Wilson, ASID
Courtney Williams, ASID, Allied

THIS AWARD-WINNING, full-service interior design firm is well known for its elegant and distinctive interiors. For more than 20 years, the creativity and uncompromising standards of Jane Page Creative Designs Inc., DBA Jane Page Design Group, have made this firm one of the most respected design firms in the industry.

The dedication of the creative staff of licensed designers to fulfill clients' dreams and requests has resulted in an impressive list of satisfied clients, award-winning designs, and features in design publications from coast to coast.

Jane-Page Crump, ASID, principal and lead designer, says, "We have wonderful clients with vision and dreams who have respect for our creative abilities and our organizational skills. We enjoy teaming with the client, architect and builder to meet and surpass the clients' dreams and expectations."

Providing interior design services from the planning phase through completion, Jane Page Design Group has three ASID licensed designers and a complete support staff of ASID designers.

ESTA PREMIADA firma de interiores es reconocida por la elegancia y distinción de sus trabajos. Desde hace más de 20 años, la creatividad y el alto estándar de Jane Page Creative Designs, Inc., han convertido a esta firma en una de las más respetadas de la industria.

La dedicación de su creativo equipo de diseñadores licenciados para satisfacer las exigencias y sueños de sus clientes han resultado en una impresionantes lista de personas satisfechas, diseños premiados y artículos en las revistas de costa a costa de Estados Unidos.

Jane Page Crump, ASID, presidenta y diseñadora líder, afirma: "Tenemos clientes maravillosos que poseen una gran visión y sueños y que respetan nuestra creatividad y dotes organizativas. Disfrutamos a la hora de colaborar con esos clientes, arquitectos, constructores para hacer realidad los sueños y las expectativas".

Left Slate and quartzite floors were selected for a dramatic, durable and non-slip surface for this office foyer. The patterned flooring design directs the visitor toward the elevator and reception desk. Upon entering the building the decorative wall lights give a quiet, contemporay ambiance to the space.
Izquierda Pisos de cuarzo y de pizarra fueron seleccionados para lograr una superficie de impacto, duradera y antideslizante, en el vestíbulo de esta oficina. El diseño del suelo lleva al visitante hacia los ascensores y hacia la recepción. El sistema de iluminación produce una sensación de tranquilidad en el ambiente.

Right This classical inspired dining room features a plaster ceiling design, which is mirrored in the intricate laser cut stone floor. Flanking the carved stone fireplace are iron consoles designed with the same oval motif seen in the ceiling and floor. The dining tables with bronze inlay detail and the dining room chairs all have custom finishes.
Derecha Este comedor de líneas clásicas tiene un delicado diseño en el techo que se refleja en el intrincado trabajo del suelo, hecho en piedra a base de rayos laser. Estos motivos se repiten en el espejo que está sobre la chimenea. Las mesas tiene detalles de bronce y las sillas llevan acabados hechos a mano.

Left This incredibly beautiful sunken wine room is directly off of the dining room and provides an interesting retreat for guests after dinner. A bronze and rock crystal chandelier hangs from the brick ceiling to light the custom "tasting" table.

Izquierda Esta bellísima bodega está al lado del comedor y representa un agradable lugar para pasar un buen rato después de una cena. Un candelabro de cristal y bronce cuelga del techo de ladrillos para iluminar la mesa de degustación, construida a la medida.

Right The antler chandelier was custom designed and sized to hang over the dining room table. An oversized decorative hanging fixture was designed to give light and add ambiance to the bar area.

Derecha El original candelabro fue hecho a la medida para colgar directamenbte sobre la mesa del comedor. Otro elemento decorativo de gran tamaño se diseñó para añadir luz y ambiente al área del bar.

Below Etched and carved glass panels were combined with iron and brass posts for the stair railing. French crystal tumblers inspired the wild life designs represented in the panels.

Abajo Paneles de cristal grabado se combinaron con barandillas y columnas de hierro y cobre para dar más belleza a la escalera. Las figuras grabadas en el cristal representan animales y plantas.

Above This chic home theater was designed and added on to a new "spec home" purchased by a young couple. A rich, neutral pallet was selected to give the clients the "high-style" look they desired. Stunning paneled pilasters and a coordinating valance were designed to wrap the room. Mahogany was selected to tie in with the finish on the existing speaker, and a gorgeous Sycamore wood was selected for an interesting contrast. Black and stainless accents were applied to add a touch of sheen and excitement. The ceiling beam detail was dictated by a structural beam that could not be moved, and also by the location of accent lighting.

Arriba Este "chic" teatro en el hogar fue diseñado para una casa comprada por una joven pareja. Una paleta de colores neutros se seleccionó para dar a los clientes el "high style" que deseaban. Hay un gran equilibro entre los paneles y las columnas de este espacio. Se usaron maderas de caoba y sicómoro con interesantes contrastes. De igual manera se añadieron detalles en negro. Es de destacar también la plataforma del techo, que se adapta muy bien a la iluminación.

Left The structural beams were faced with Alder and false beams were added to the flat part of the ceiling. Lights were installed on the top of the floating beams to bring drama and life to the space.

Izquierda Tanto las columnas estructurales como las falsas se añadieron para dar más vida al techo. Las luces, inteligentemente instaladas, añaden drama y vida a este espacio.

Above This stunning kitchen was designed for an extremely busy family of four, who enjoy cooking and entertaining. Special details, such as the custom designed carved stone and stainless hood, and stone trimmed leaded and beveled glass window give elegance and interest to the space. The plaster finish walls, warm wood tones, and natural stone bar façade blend perfectly with the striking Juperana Bordeaux slab countertops.

Arriba Esta hermosa cocina fue diseñada para una familia de cuatro, muy ocupada siempre, y que le gusta cocinar y recibir a familiares y amigos. Detalles especiales, como las piedras cortadas a la medida, la campana metálica para extraer los humos y la ventana con cristal grabado, ofrecen elegancia a este espacio. Las paredes y las cálidas notas de madera y piedra natural combinan perfectamente con los mostradores de Juperana Bordeaux.

Left and opposite page This luxurious living area with neoclassic detailing was created with attention to detail. A subtle palette of tone on tone gold fabrics was selected to accent the delicately carved, silver leafed woodwork on the sofa and chairs. Black details were added for drama.

Izquierda y página opuesta Este salón, con elementos neoclásicos, fue creado con una gran atención a los detalles. La delicada paleta de colores tenues combina muy bien con los tejidos dorados del sofá y de las sillas. Algunos detalles en negro dan más fuerza al ambiente.

JAVIER SOTO

JAVIER SOTO

Javier Soto Interiors
3060 Coral Way, Suite #1
Miami, Florida 33145
Telf. 305.648.0885
Fax 305.648.3916
jsotoind@bellsouth.net

JAVIER SOTO, a graduate of Miami-Dade Community College and native Miamian with natural-born talent, heads a leading South Florida interior design firm, located south of Coral Gables. Javier Soto Interiors is committed to providing the ultimate satisfaction for its clients. Javier always brings a high level of energy and the utmost integrity to his projects. His passion and keen eye for detail and architectural preservation is what mostly attracts his clients. Through his work, Javier enables them to translate their vision into reality. He specializes in interior design and space planning of commercial, residential and yachting projects. From hotels and casinos in South and Central America to residential homes in the Caribbean, as well as in the United States, Javier offers his clientele a multi-cultural blend of architecture based on ideas and elements that form a unique style, making him a leader in the field. His vast expertise in fine quality pieces—and utilization of warm rich colors that are far beyond client expectations—creates one-of-a-kind environments. The firm's intimate size allows Javier to maintain an active role in each and every project, with the support of an in-house staff of experienced and talented designers and specifiers, including an excellent team of sub-contractors who are molded to the upscale level of product that Javier Soto Interiors delivers.

JAVIER SOTO, graduado del Miami Dade Community College y oriundo de Miami, posee un innato talento natural, que comunica a través de su empresa, Javier Soto Interiors, situada al sur de Coral Gables y actualmente una de las líderes en el campo de diseño de interiores de la Florida. Su meta es satisfacer todos los deseos de sus selectos clientes, que se sienten atraídos por la pasión e integridad que pone en cada uno de sus proyectos. El cuidado por los detalles y delicada atención arquitectónica es lo que más atrae a sus clientes que ven cómo el trabajo de Javier Soto hace realidad su visión y sus sueños. Se especializa en diseño de interiores y planificación de espacios para proyectos residenciales, comerciales y yates. Desde hoteles y casinos en Sur y Centro América hasta casas residenciales en el Caribe y en Estados Unidos, Javier ofrece a sus clientes una mezcla arquitectónica multicultural basada en ideas y elementos que forman un estilo único. El tamaño íntimo de la firma hace que Javier pueda prestar su atención directa y personal a cada uno de sus trabajos, con el apoyo de un equipo de profesionales de gran experiencia y talento, incluyendo subcontratistas que están acostumbrados a trabajar en proyectos del exclusivo nivel que tienen todos los que llevan la firma de Javier Soto Interiors.

Left The design of the wall fabric and the modern sconces combine to create a welcoming foyer that opens into the ample living room in Javier Soto's personal residence.
Izquierda El diseño de la tela de la pared y las modernas lámparas se combinan para crear un vestíbulo muy acogedor, que se abre al amplio salón del apartamento personal de Javier Soto.

Right The warm colors, a comfortable sofa of classic lines and the rest of the furnishings form the basis for a living room highlighted by elegance and good taste in every detail.
Derecha Las tonalidades cálidas, el cómodo sofá de líneas clásicas y el resto del mobiliario forman la base de un salón protagonizado por la elegancia y el buen gusto en cada uno de los detalles.

Above The colors of the cushions decorating the bed are an ideal complement to the overall look of this bedroom. Broad windows allow plenty of natural light to enter the room, offering a majestic view of the landscape.
Arriba Los colores de los cojines que decoran la cama complementan idealmente el conjunto de este dormitorio. Los amplias ventanales permiten la entrada de la luz natural y ofrecen una majestuosa vista del paisaje.

Above Wood is the fundamental material in this classically elegant room. It is present in the bookshelves that line the walls, the flooring and even the ceiling, creating an intimate ambiance evocative of times gone by..
Arriba La madera es el material fundamental de esta sala de clásica elegancia. Está presente en los armarios que cubren las paredes, en el suelo y hasta en el techo, creando un ambiente íntimo, que transporta a otros tiempos.

Above From the chaise lounge to the spacious sofas and comfortable chairs, the furniture in this room exemplifies the owner's tastes. The environment comes to life when the curtains are opened and natural light floods the room through the large windows facing the terrace.

Arriba Desde el chaise longue hasta los amplios sofás y cómodos butacones, los muebles de este salón denotan los gustos del propietario. El ambiente cobra vida cuando se abren las cortinas y la luz natural penetra a raudales a través de los ventanales que comunican con la terraza.

Right The finely detailed marble floor fits perfectly with the ambiance of this dining room. Decorative elements create a very elegant space. The mirror reflects part of the exterior view.

Derecha El piso del comedor tiene un refinado trabajo en el mármol, que marca perfectamente el ambiente. Los elementos decorativos crean un área muy elegante, donde sobresale el espejo que refleja parte del paisaje exterior.

Above This open space includes the living room, kitchen and a lounge area. The mix in styles in this space transports the client to a Polynesian island.

Arriba Este espacio abierto incluye salón, cocina y salita de estar. En la mezcla de estilos, este ambiente permite transportar al cliente a una isla polinesia.

Below Framed by four windows, this dining room has a design that adapts perfectly to the space.

Abajo Enmarcado en cuatro ventanas, este comedor tiene líneas que se adaptan perfectamente al área.

Above Every detail of this veranda is in relation to the unparalleled views that surround this Florida Keys home. The sea seems to be a part of every corner of the house, which enjoys a delightful tropical breeze.

Arriba Todo en esta veranda está en función del paisaje sin igual que rodea esta casa situada en los Cayos de Florida. El mar parece entrar en cada rincón de la misma, junto a la deliciosa brisa tropical.

Above For Javier Soto, a yacht is like a floating house that puts you in continuous contact with the sea. This is why he creates environments, such as this elegant and comfortable living room, that could be a part of any apartment.

Arriba Para Javier Soto, un yate es como una casa flotante, que te pone en contacto continuo con el mar. Por eso crea ambientes que, como este elegante y cómodo salón, podrían estar en cualquier apartamento.

Above In the yacht's master bedroom, the semicircular design of the ceiling above the headboard creates a focal point of interest.

Arriba El dormitorio principal del yate. El diseño semicircular del techo sobre la cabecera crea un foco de interés.

Above "To travel in a yacht is like to be at home." That is what Javier Soto created for the pleasure of his clients. A perfect example of this design concept, this dining room has comfortable seating for six.

Arriba "Viajar en un yate es como estar en casa". Eso es lo que Javier Soto creó para el placer de estos clientes. El comedor, con espacio para seis personas cómodamente sentadas, es un ejemplo de ese concepto en el diseño.

Above, right, below A modern pergola was created in the center of this casino. Its design arose from the sun fragmented into elements. The solar concept is repeated in the columns. A cozy bar opens to the rest of the casino.

Arriba, derecha, abajo En el centro de este casino se creó una moderna pérgola, cuyo diseño partió del sol fragmentado en elementos. El concepto solar se repite también en las columnas. El acogedor bar se abre al resto del casino.

Above and right Casino Sol, in Guayaquil, Ecuador, represents Javier Soto's versatility as an interior designer. A key design component is the constantly changing light effects produced by the sun, from dawn to dusk.

Arriba y derecha El Casino Sol, de Guayaquil (Ecuador) es un reflejo de la versatilidad de Javier Soto como diseñador de interiores. Muy importante fueron también los efectos de luces, que se van tornando en diferentes tonalidades que reflejan los cambios producidos por el sol, desde el amanecer hasta el atardecer.

JOSÉ EDUARDO ALONZO SOSA

JOSE EDUARDO ALONZO SOSA

Jose Eduardo Alonzo Sosa-Arquitecto
Calle 20 X 13 Itzimna Num. 236 interior 2
Colonia México Oriente
Telf. (9999) 27-20-17
Fax (9999) 26-63-89
jasarquitectos@prodigy.net.mx
www.josealonzo.com

JOSE EDUARDO ALONZO SOSA is a graduate architect of Universidad Autónoma de Yucatán. Among his most renowned projects are several residences in the cities of Mérida, Chetumal, Ciudad del Carmen, Villa Hermosa and Cancún. He has also designed beach homes in Cancún, Quintana Roo, and elsewhere in the Yucatan peninsula.

His résumé includes several hotels, including Hyatt Regency Mérida, Holiday Inn Cancún and Holiday Inn Ciudad del Carmen, among others, as well as automobile dealerships such as Honda Mérida, Honda Campeche, Honda Ciudad del Carmen, Honda Cancún, Chrysler Cancún, Chrysler Playa del Carmen and Mitzubishi Mérida. Architect Sosa's inclination is toward modern design, free of superfluous elements, making sure that the client's desires prevail while adapting to the demands of the project. He also recognizes the important role played by nature in creating welcoming environments that invite cohabitation. This is why many of the Caribbean beach residences he has designed succeed in creating a harmonious and almost perfect integration with nature. The use of artistic "palapa" roofs, hardwood beams and trunks, and regional stone are the secret elements he utilizes to achieve a traditional Mexican style of design.

JOSÉ EDUARDO ALONZO SOUSA es un arquitecto yucateco egresado de la universidad autónoma de Yucatán.

Entre sus obras se encuentran diversas residencias en las ciudades de Mérida, Chetumal, Cd. del Carmen, Villa Hermosa y Cancún. También casas de playa en las costas de la península de Yucatán y en Cancún, Quintana Roo.

Dentro de su curriculum se encuentran asimismo varios hoteles, como el Hyatt Regency Mérida, Holiday Inn Cancún, Holiday Inn Cd. del Carmen, etc., además de agencias automotrices como Honda Mérida, Honda Campeche, Honda Cd. del Carmen y Honda Cancún, Chrysler Cancún y playa del Carmen y Mitzubishi Mérida.

El arquitecto Sosa confiesa su inclinación por el diseño moderno, limpio y depurado de elementos superfluos, pero admite que los deseos del cliente se imponen y que es adaptable a las exigencias que la obra le dicte y el cliente le exponga. Además reconoce el papel importante de la naturaleza para crear ambientes acogedores, que invitan a la convivencia. De allí que muchas de las residencias de playa que ha diseñado frente al mar Caribe, logran una integración armoniosa y casi perfecta con la naturaleza; la utilización de artísticos techos de palapas, vigas y troncos en maderas duras y piedra de la región conforman el secreto de este arquitecto para lograr un diseño con tradición y estilo mexicano.

Left Overflow pool in a natural setting of stone and vegetation from where the home's main terrace, which opens totally to the exterior, can be seen in the background.
Izquierda Piscina con rebosadero y ambientación natural, con piedras y vegetación desde donde se aprecia en la parte posterior la terraza principal de la casa, la cual tiene una trasparencia total hacia el exterior.

Above Covered by a regional zapote wood latticework and crossbeam roof, this second story solarium has ivory cream marble tile floors with natural granite edging. The Yucatan climate requires the ample natural ventilation of this delightful space.

Arriba Solarium en planta alta con cubierta de vigas y madera de zapote de la región, pisos de mármol crema marfil con cenefa de granito natural. Este espacio goza de una magnífica ventilación natural necesaria para el clima de Yucatán.

Above Beige colored walls and ivory cream marble tile floors are predominant in this living room decorated in a traditional American style. The fabric pattern, furnishings, accessories and area rug break up the monotony.

Arriba Sala decorada en estilo americano tradicional, pero con predominio en color beige en muros y placas de mármol crema márfil en pisos. La monotonía se rompe con el decorado de las telas, el mobiliario, accesorios y la alfombra central.

Above This kitchen with ivory cream marble tile floors has natural granite countertops. Hand-made ornamental details add to the beauty of the rich mahogany cabinets.

Arriba Cocina con placas de mármol crema márfil en el piso y placas de granito natural en las tapas. El mobiliario es de madera de caoba, con detalles ornamentales hechos a mano.

Above This dining room, in which beige tones are predominant, is crowned by a ceiling medallion with a dome that provides indirect light and a Spanish alabaster chandelier.

Arriba Comedor con predominio en tonos beige coronado en el plafón con una cúpula con luz indirecta, rodeada por una cenefa de madera con tallados a mano, y un candelabro español de alabastro.

Above The foyer, with a water mirror with vegetation in the foreground, has a clear view across the living quarters in the background that goes all the way to the beach.
Arriba Vista desde el vestíbulo de acceso a doble altura, en donde se aprecia en primer plano un espejo de agua con vegetación y, en la parte posterior, la estancia a desnivel. Desde este vestíbulo, la visual se escapa hacia la playa.

Left The three-story high terrace roof stands out in this view from the beach. In the foreground, the pool has cascading waters that spill into a lower basin. Located in the Cancún hotel district in Quintana Roo, Mexico, this home offers expansive views of the Caribbean Sea from all three of its levels.
Izquierda Vista general desde la playa donde sobresale el tejaban de la terraza a triple altura y, en primer plano, la piscina con rebozadero tipo cascada. Todas las vistas de los tres niveles de la casa se fugan al mar Caribe, debido a que se encuentra en la costa de la zona hotelera de Cancún, Quintana Roo, México.

Above The front façade features a thatched roof portico with a Spanish-style arch that is found in colonial construction across the Yucatán peninsula.
Arriba Vista de la fachada principal donde se aprecia el pórtico de acceso con techumbre de paja y arco de reminiscencia española, común en construcciones coloniales de la península de Yucatán.

Right Pointed thatched roofs with wood columns and ceilings cover the bedroom balconies, imparting a touch of warmth and character typical of Mayan houses.
Derecha Area de habitación donde el uso de la paja y espacios apergolados de madera remarcan los volúmenes principales dando un toque de calidez y carácter de casa tipo maya.

Above Outstanding in this overall
view from the beach is the main
thatched roof of the social areas and
the pointed thatch roofs over the
bedroom balconies, providing
balance to the entire structure.
Along with other regional materials,
rooted trunk columns provide a rustic
and informal feel to the terrace
without sacrificing elegance.
*Arriba Vista general desde la playa
donde sobresale la palapa mayor que
contiene el área social y las palapas
del área de habitaciones, que
equilibran la volumetría general. La
terraza tiene columnas de troncos
enraizados que, junto con los demás
materiales de la región, dan un toque
rústico e informal, sin perder su
elegancia.*

Right As dawn approaches, the
roofed terraces in the upper and
lower floors are perfectly integrated
into the pool, beach and sea.
*Derecha Atardecer en la piscina
donde las terrazas techadas, tanto en
la planta alta como en la planta baja,
se integran en ésta, la playa y el mar.*

Left This majestic three-story main terrace overlooking the beach is covered by a thatched roof structure made of zapote wood from the Yucatán peninsula. Framing this space, two rooted trunks function as structural columns and complement the adaptation to its surroundings.
Izquierda Majestuoso espacio a triple altura coronado con una techumbre de estructura de madera de zapote y cubierta de paja, originarios de la península de Yucatán, que contiene la terraza principal con vista a la playa. Este espacio está enmarcado con dos troncos enraizados que funcionan como columnas estructurales y complementan la adecuación al entorno.

Right This dining room and breakfast area is filled with natural light that flows through the row of skylights.
Derecha Comedor y desayunador utilizando detalles de luz natural y color en el plafón que se utilizan y proyectan al interior.

Above The view from the mezzanine of this three-story high terrace encompasses the pool, whirlpool, and wood-covered wet bar, with the waters of the Gulf of Mexico in the background.
Arriba Vista desde el mezzanine de la terraza a triple altura desde la cual se aprecia la piscina, el jacuzzi, el wet bar con la cubierta de madera y, como fondo, el mar del Golfo de México.

Right The front façade and entrance combines materials such as wood, barrel tile and straw, providing a beach ambiance to the home.
Derecha Fachada principal de acceso donde se combinan materiales como la madera, teja y paja, que le imprimen un carácter playero a la casa.

KRIS KOLAR

KRIS KOLAR

Vice President, Interior Design
Robb & Stucky Interiors
14550 Plantation Road
Fort Myers, FL 33912
Telf. 239 437 7997
Fax 239 437 5950
www.RobbStucky.com

AS VP, INTERIOR DESIGN for Robb & Stucky Interiors, Kris Kolar, ASID, NCIDQ, has led the award-winning Robb & Stucky interior design team to national recognition. By encouraging designers to be client-focused, understanding their clients needs, dreams, likes and dislikes, Robb & Stucky has created a promise to execute the client's vision by delivering the best design solution with the most style and greatest of ease. Always.

From refreshing an interior with the perfect accessory to extraordinary furnishings, faux painting or custom window treatments; from renovating a client's space with the finest flooring, lighting and custom built-ins to developing state-of-the-art CAD drawings and directing the project to final installation; no matter how extensive the need, Robb & Stucky delivers distinctive style.

Educated at Miami University, Oxford, Ohio, Bachelor of Arts in Interior Design. Kolar also earned a Masters in Business Administration from the University of Dayton, has studied Interior Design and Architectural Study Tours in Italy (1997, 2002) and Paris (1998) and prior to joining Robb & Stucky Interiors, Kolar served as vice president of interior design and home fashions for John Wanamaker and Woodward & Lothrop in Washington, D.C. and Philadelphia as well as manager of interior design studios for Rich's in Atlanta. Kolar is a Florida licensed interior designer, a professional member, American Society of Interior Designer since 1980 and professional member of the Interior Design Society.

KRIS KOLAR, ASID, NCIDQ, es Vicepresidenta de Diseño Interior para Robb & Stucky Interiors. Desde esa posición, ha guiado al equipo de diseño de dicha empresa al merecido reconocimiento nacional que disfruta. Desde recrear un interior ya existente o renovar un determinado espacio, hasta crear la planificación inicial de un hogar y acompañar al cliente hasta la instalación final, los diseñadores de Robb & Stucky Interiors no están satisfechos hasta lograr el producto definitivo con el estilo distinto y elegante que les caracteriza.

Educada en la Miami University, Oxford, Ohio, Bachelor en Artes de Diseño Interior, Kolar tiene también un Master en Administración de Empresas por la Universidad de Dayton. Asimismo, realizó estudios de Diseño y Arquitectura en Italia y Paris. Antes de unirse a Robb & Stucky Interiors fue vice-presidenta de diseño interior y moda para el hogar de John Wanamaker y Woodward & Lohtrop en Washington DC y Filadelfia, además de jefe de diseño interior de Rich's, en Atlanta. Kolar es una diseñadora con licencia en la Florida, miembro de la American Society of Interior Designers desde 1980 y miembro profesional de la Interior Design Society.

Left From the decorative wall painting to the exceptional heirloom carpet, Robb & Stucky designers create an effect of pure elegance.
Izquierda Desde la elegante pintura decorativa de la pared hasta la excepcional alfombra, los diseñadores de Robb & Stucky crean un efecto de pura elegancia.

Right A comfortable grand salon comes to life with the combination of textures and vibrant colors.
Derecha Este gran salón cobra vida gracias a la mezcla de tejidos y vibrantes colores.

CASA & ESTILO INTERNACIONAL | 59

Right Simple and elegant
accessories create
a well-appointed corridor.
Derecha Accesorios sencillos y
elegantes crean este pasillo
muy bien equilibrado.

Above A Polynesian-inspired bedroom captures the
essence of a resort lifestyle.
Arriba Con inspiración polinesia, este dormitorio
captura la esencia de un estilo de vida veraniego.

Right An intimate dining room reflects natural light
with a wall of mirrors conceived by the interior
design team at Robb & Stucky Interiors.
Derecha Este íntimo comedor refleja la luz natural
gracias a la pared de espejos creada por el equipo de
diseño interior de Robb & Stucky Interiors.

Right A wonderful space for entertaining, design elements flow between
spaces to create a distinctive environment.
*Derecha Este hermoso espacio para reuniones de amigos, tiene elementos de
diseño que fluyen entre los espacios para crear ambientes muy bien definidos.*

Below With elegant furnishings, dramatic window treatments and
chandelier, this dining room becomes a focal point in an open-floor plan.
*Abajo Gracias a los elegantes muebles, dramáticos cortinajes y original
candelabro, este comedor se convierte en el punto focal de un espacio abierto.*

Above and right From the floor plan to installation, Robb & Stucky designers guide clients through all design choices that create the perfect room.

Arriba y derecha *Desde la planificación inicial hasta la instalación final, los diseñadores de Robb & Stucky guían a sus clientes a través de todas las selecciones de diseño que conducen a crear la habitación perfecta.*

LA ESPAÑOLA MUXBAL

SALIM E. DAHDAH
ESTHER ARAUJO DAHDAH

La Española Muxbal
Km. 14.4 Carretera a El Salvador
Guatemala, América Central
Telf. y Fax 502 6640 5040
502 6640 5046
info@laespanolamuxbal.com
www.laespanolamuxbal.com

LA ESPAÑOLA MUXBAL has earned its place as Guatemala's premier upscale living community. The founding partners, Mr. Salim E. Dahdah and his wife Esther Araujo Dahdah, have combined savvy real estate investment banking strategies with a personal touch of contemporary interior design. Mr. Dahdah has gathered his investment portfolio management background to create a diversified portfolio of high-end properties to attract both buyers and investors. After an extensive period of regional marketing research, the investor group directed by Mr. Dahdah recently launched the first series of mixed-use development projects that offer maximum investor return and end-user satisfaction. Like all unique projects, true recognition is never attained without the genuine touch of the decorator and artist who brings to life the spirit and passion behind the concept. Esther's work has exemplified her artist eye for detail by creating a very appealing combination of color, texture and style. Her balance of self-designed signature contemporary furnishings with abstract modern paintings allows each individual space to highlight both architecture and gracious elegant living. By bringing together their God-given personal and professional experiences, they have rewritten the rules and redefined Guatemala City's real estate market.

LA ESPAÑOLA MUXBAL se ha ganado la posición privilegiada de ser la comunidad número uno de Guatemala a la hora de ofrecer un exclusivo estilo de vida. Los socios fundadores, Salim E. Dahdah y su esposa Esther Araujo Dahdah, han sabido combinar admirablemente sus estrategias financieras en el campo de los bienes raíces con toques personales de un diseño de interiores contemporáneo. El Sr. Dahdah utilizó su rico historial en el campo de las inversiones para crear un portafolio muy diversificado de propiedades de gran lujo, para atraer tanto a compradores como a inversionistas. Tras un extensivo período dedicado a la investigación mercadotécnica regional, el grupo de inversionistas dirigido por el Sr. Dahdah lanzó recientemente la primera serie de un desarrollo urbanístico que ofrece el máximo de beneficio a los inversionistas y gran satisfacción a quienes lo usan. Como sucede con todos los proyectos especiales, el verdadero reconocimiento no se logra sin los toques genuinos que sólo un diseñador o un artista pueden aportar. El trabajo de Esther ha demostrado su artística visión para crear una llamativa combinación de colores, texturas y estilo. El equilibrio logrado entre el mobiliario contemporáneo con pinturas abstractas modernas permite que cada espacio destaque por su arquitectura y por su elegancia. Gracias a la mezcla de sus experiencias personales y profesionales, este matrimonio ha dado una nueva definición al mercado de bienes raíces de Guatemala.

Left Family or entertainment room. Has a functional design, ideal to share with family and friends while watching television or listening to music.
Izquierda Sala familiar o de entretenimiento. Tiene un diseño funcional, ideal para compartir con la familia y amigos viendo televisión o escuchando música.

Right Living room with classic elegance. With the fireplace as the central focus, this living room is designed to entertain special visitors.
Derecha Salón principal, de clásica elegancia. Con la chimenea como foco central, esta sala está diseñada para recibir las visitas especiales.

Above *Spectacular foyer with Spanish-style corridor. Porcelain tiles are featured throughout the first floor. Behind the beautiful double mahogany doors is the family or entertainment room.*

Arriba Espectacular vestíbulo de entrada, con corredor de estilo español donde apreciamos el piso de porcelanato que lleva todo el primer nivel. Como punto central, la sala familiar o de entretenimiento con sus hermosas puertas de madera de caoba.

Below Main dining room with formal elegance. Combining classic furnishings with contemporary art.
Abajo Comedor principal, de elegancia formal. Combina lo clásico del mobiliario con lo contemporáneo del arte que lo complementa.

Above and right The master bedroom has "chichipate" wood floors. Nestled in a corner is an intimate and comfortable sitting area to share moments of rest or for reading pleasure.

Arriba y derecha El dormitorio principal con piso de madera de chichipate. Compartiendo en un rincón del mismo hay una íntima y cómoda sala, para los momentos de descanso y de lectura.

Right and below The boys' room is done in beige tones with blue accents in the décor. In contrast, the girl's room is decorated in beige and pale rose colors. In the small photo, a detail of the desk with chair.
Derecha y abajo La habitación de los niños tiene tonos beiges, con acentos azules en la decoración. En cambio, la habitación de la niña está decorada en tonos beige y palo rosa. En la foto pequeña, un detalle.

Right View of the main façade
by night.
Derecha Vista nocturna
de la fachada principal.

Below Detail of the garden terrace,
designed to enjoy with family
and friends while watching the
natural surroundings.
Abajo: Detalle de la terraza/jardín,
diseñada para compartir con la
familia y amigos, disfrutando de la
naturaleza y los bosques que
rodean el proyecto.

Following page Panoramic view
from the garden terrace of the
wooded area of Muxbal.
Página siguiente Vista panorámica
desde la terraza-jardín hacia
los alrededores boscosos
del área de Muxbal.

LOURDES MUÑOZ

LOURDES MUÑOZ

Lourdes Muñoz Interiors
Allied Member ASID
Telf. 305.264.4004.
Fax 305.264.4004.
info@lourdesmunozinteriors.com
www.lourdesmunozinteriors.com

Fotos: Barry Grosman

Lourdes Munoz has a long career in interior design, successfully developed with an exemplary use of good taste and a penchant for quality that, along with her command of the use of light and ability to combine colors tastefully, have made each of her projects a calling card for the next.

Lourdes—president of the firm that bears her name, "Lourdes Muñoz Interiors"—studied in New York and Europe, acquiring great experience and vast knowledge that are evident in the homes she designs, which become sanctuaries to enjoy the best moments in life once the workday is over.

She is equally capable of harmonizing all the necessary elements when dealing with the workplace, whether for an office or any other type of space, in order that any activity taking place in them can be fully successful.

Her knowledge of art, excellent communication skills, and a strong base in esthetics, comfort and functionality combine to realize the dreams of each client.

Lourdes Muñoz tiene una amplia carrera en el diseño de interiores, que ha desarrollado con gran éxito, por su buen gusto y calidad, y que unido todo ello al dominio de la luz y la combinación del color, hacen que cada trabajo sea una nueva carta de presentación para el siguiente proyecto.

Lourdes preside la firma que lleva su nombre "Lourdes Muñoz Interiors". Ella ha estudiado en Nueva York y Europa, lugares en los que adquirió gran experiencia y conocimientos, que después sabe plasmar en el hogar, haciendo de éste un santuario en el cual disfrutar de los mejores momentos una vez acabado el quehacer diario.

Si se trata del lugar de trabajo, Lourdes de igual manera es capaz de armonizar todos los elementos necesarios, bien sea una oficina o cualquier otro espacio, para que cualquier actividad a desarrollar en ellos, se convierta en todo un éxito. Conocimiento del arte, excelente comunicación y una base muy fuerte en la estética, confort y funcionalidad, hacen que cada cliente vea su sueño convertido en realidad.

Left Spring colors abound in this elegant room, anchored by a petite point rug that is like a blooming garden. The watch and urns in the mantelpiece were bought at a Paris antique store.
Izquierda *Elegante salón en tonos de primavera. La alfombra, de "petite point" es como un jardín en flor, y el reloj y las urnas en la chimenea se compraron en un anticuario en París.*

Right The foyer of this completely restored old house in Coral Gables, Florida, creates a sunny and elegant environment.
Derecha *La entrada de esta casa antigua en Coral Gables, Florida, totalmente restaurada, crea un ambiente soleado y elegante a la vez.*

Left The walls of this Chippendale-style dining room are painted in Chinese red, combined with red and yellow fabrics.
Izquierda En el comedor estilo "Chippendale" las paredes están pintadas en rojo Chino y combinadas con telas en rojo y amarillo.

Opposite page This room reflects all the colors of its surroundings: the pool's blue in the cushions and flowerpots, the brilliant sun's yellow in the walls, and the garden's reds, greens and pinks.
Página opuesta Este salón refleja todos los colores de su entorno: el azul de la piscina en los cojines y macetas, y el sol brillante en sus paredes con los rojos, verdes y rosa del jardín.

Above With a mix of materials such as wood, granite and iron, this kitchen with a huge center island and view to the pool is an inviting gathering place.
Arriba Una enorme isla en el centro de esta acogedora cocina con vista a la piscina invita a reunirse, usando la mezcla de elementos como la madera, el granito, la cerámica y el hierro.

Above The furniture in this master bedroom is soft and relaxing in style and color. The prints are redolent of the garden that can be seen from the balcony.
Arriba *Muebles de estilo y tonos suaves y relajantes en este dormitorio principal. Los estampados reflejan el jardín a la vista desde el balcón.*

Right This modern Palm Beach mansion's great room features an enormous saltwater fish tank and a comfortable bar, creating an ideal space for entertaining.
Derecha *Salón principal en una mansión moderna en Palm Beach. Una enorme pecera de agua salada y un cómodo bar hacen un espacio excelente para reuniones.*

Right Another view of the pleasant great room, where the vivid colors of the accessories match those of the client's art collection, set against a neutral background.
Derecha Otro ángulo del acogedor y moderno salón con fondo neutral y acentos en vivos colores que se reflejan en la colección de arte del cliente.

Left The home theater in this home can accommodate up to 15. The walls are done in a cafe latte color that combines with the black frames to create a dramatic ambiance and backdrop for the modern art collection.
Izquierda El cine teatro en esta casa puede acomodar hasta 15 personas. Las paredes en color café con leche combinado con el negro crean un ambiente dramático y un fondo para la colección de arte moderno.

Opposite page The cobalt blue modern works of art are highlighted in this colorful sitting room.
Página opuesta Colorido salón de estar, destacando el azul cobalto en las piezas de arte moderno.

Left Soft shades of sand and moss green are the main colors in this bedroom, with a sprinkling of orange accents.
Izquierda Tonos suaves como el arena y verde musgo son los colores principales en este dormitorio, con acentos en naranja.

Above This art deco style desk has a delightful view of the pool and garden.
Arriba Escritorio estilo Art Deco en madera de arce con vista a la piscina y jardín.
Right This modern breakfast nook looks out to the pool area, with its beautiful waterfall and tropical gardens.
Derecha Esta moderna área de desayuno tiene vista a la piscina, con su bella cascada y jardín tropical.

LUIS CORONA
MICHAEL BARRON

LUIS CORONA
MICHAEL BARRON

Casa del Encanto
6939 East. 1st Avenue
Scottsdale, Arizona 85251
Telf. 480.970.1355
Fax 480.970.1399
www.casadelencanto.net

LUIS CORONA Y MICHAEL BARRON, proprietors of the decoration company Casa del Encanto, have created a very personal style for their work that has earned them well-deserved international prestige. Colonial residences with the great richness of antique furnishings, acquired during their frequent trips around the world, are at the core of a creativeness without limits. While Luis concentrates more in the design of furniture and choice of textures, art and accessories, Michael dedicates most of his effort to architectural matters: a total collaboration that goes back to when they established their business in 1986. "The whole outcome is like a carefully orchestrated concert: The rhythm is perfect," affirms Michael. The result is like a work of art that defines the successful track record of these professionals. They continue to thrive thanks to the respect, admiration and passion they have for their Hispanic roots, reflected in the homes they create for their clients, who grow in number with each passing day

LUIS CORONA Y MICHAEL BARRON, propietarios de la firma de decoración, Casa del Encanto, han creado un estilo muy personal en sus trabajos, algo que les ha dado un merecido prestigio internacional. Residencias coloniales, con gran riqueza de piezas antiguas -adquiridas durante sus frecuentes viajes por todo el mundo- están en la base de una creatividad que no tiene límites. Mientras Luis se concentra más en el diseño de muebles y selección de texturas, arte y accesorios, Michael dedica la mayor parte de su esfuerzo al aspecto arquitectónico. Es una colaboración total, que se remonta al año 1986, cuando fundaron el negocio. "Todo resulta como un concierto cuidadosamente orquestado. El ritmo es perfecto", afirma Michael. El resultado es una obra que define la exitosa trayectoria de estos profesionales, que continúan triunfando gracias al respeto, admiración y pasión que sienten por sus raíces hispanas, reflejadas en las casas que crean para sus clientes, cada día más numerosos.

Left All the furnishings in this kitchen are hand-carved, a feature of many Luis Corona-Michael Barron designs.
Izquierda Todos los muebles de esta cocina han sido tallados a mano, un detalle que marca muchos de los diseños de Luis Corona y Michael Barron.

Right The focal point of this impressive room is a stone fireplace, above which is a painting of an angel dating back to the 17th century.
Derecha Este impresionante salón está dominado por una chimenea de piedra. Sobre ella, la imagen de un ángel, obra que data del siglo XVII.

Above Hand-carved wood is predominant in this bedroom, as exemplified in the delicate work in the bed, door and chairs.
Arriba En este dormitorio predomina la madera tallada, como puede verse en los delicados trabajos de la cama, puerta y sillones.

Right In this partial view of the master bedroom, a fireplace with beautiful decorative elements dominates a corner. The curtains and cushions have floral accents.
Derecha Vista parcial del dormitorio principal. La esquina está dominada por la chimenea, que tiene bellos elementos decorativos. Los acentos florales se aprecian en las cortinas y cojines.

Left The dining room's furnishings are true antiques, acquired by the designers during their numerous trips.
Izquierda El comedor está formado por muebles que son verdaderas antigüedades, adquiridas por los disedñadores en sus numerosos viajes.

Above Light shades are accentuated in this guest bedroom designed with classic lines.
Arriba Este dormitorio para invitados fue diseñado con líneas clásicas, acentuando los tonos claros.

Right The deep blue color stands out in this bedroom with antique-style furniture. Worthy of note is the combination of the chairs' stripes with those in the rug.
Derecha El azul intenso predomina en este dormitorio, donde se repiten los muebles antiguos. Digna de destacar es la combinación de las franjas de los sillones con las de la alfombra.

Above This master
bedroom includes a small
home office area and a
fireplace in the corner.
The large windows and
glass doors allow
abundant natural light to
flood the room.
Arriba *Este dormitorio
principal tiene un pequeño
despacho y una chimenea
en la esquina. Los amplios
ventanales y las puertas
de cristal permiten
que la luz natural entre
a raudales.*

Left The ample-sized
bath is framed by
columns that separate
the spaces while
adding a touch of
classic elegance.
Izquierda *El amplio
baño está enmarcado
en columnas que
separan los espacios
y, al mismo tiempo,
añaden una nota de
clásica elegancia.*

Above The various spaces of this residence can be accessed from the interior courtyard.
Arriba El patio interior de esta casa sirve como punto de distribución de los varios espacios de la misma.

Left The exterior patio open to the beautiful pool with its whirlpool is a real oasis of peace and tranquility. An iron table and chairs compliment the stone accessories. In the background, a fountain-sculpture adds charm to the patio.
Izquierda La terraza exterior es un verdadero oasis de paz y tranquilidad. Las mesas y sillas de hierro complementan los accesorios de piedra. Al fondo, una fuente/escultura. La terraza se abre a la bella piscina, con su jacuzzi.

LUIS LOZADA

LUIS E. LOZADA

Architectural Design Form Group Corp.
6001 Powerline Road
Ft. Lauderdale, FL 33309
Telf. 954 489 1548
Fax 954 489 1640
formmiami@aol.com
www.formcorp.net

LUIS LOZADA, Venezuela-born designer, is the owner of Architectural Design Form Group Corporation. He is a versatile professional with over a decade of design service and manufacturing experience, specializing in a full spectrum of interior design, architectural planning and custom furniture design for a wide-ranging variety of residential and commercial clients. Lozada's work has received numerous awards, including the Home Book Design Excellence Award in three different categories. He also won the ASID Design Excellence Award for Residential Design under 3,500 square feet, the IFDA Award Commercial Design, and CWB'S Design Portfolio Award Competition in the Residential Furniture category. His work was also awarded the Best Design and the First Prize in Architectural Digest "Today's World of Design Competition", at the Design Center of the Americas, among other important awards. Lozada is member of DCOTA as a Designer On Call. He is also an allied member of the International Interior Design Association (IIDA), allied member of the American Society of Interior Designers (ASID), Florida Association of Furniture Manufacturers, American Contemporary Arts Foundation and Builders Association of South Florida.

LUIS LOZADA, diseñador de origen venezolano, es el propietario de la firma Architectural Design Form Group Corporation. Este versátil profesional, con más de una década de experiencia en el campo de diseño y fabricación, se ha especializado en un amplio mosaico del diseño de interiores, planificación arquitectónica y diseño de muebles a la medida para una gran variedad de clientes con proyectos residenciales y comerciales. El trabajo de Lozada ha merecido numerosos e importantes premios, como el Home Book Design Excellence Award, en tres categorías diferentes. También ganó el ASID Design Excellence Award de diseño residencial con menos de 3,500 pies cuadrados, el IFDA Award Commercial Design, CWB'S Design Portfolio Award Competition en la categoría de muebles residenciales. De igual manera recibió el Primer Premio y el Mejor Diseño en el "Today's World of Design Competition", organizado por Architectural Digest en el Centro de Diseño de las Américas, además de otros muchos reconocimientos. Lozada es miembro del Designer On Call, servicio que ofrece el DCOTA, además de ser miembro de la American Society of Interior Designers (ASID), de la Florida Association of Furniture Manufacturers, American Contemporary Arts Foundation y la Builders Association of South Florida.

Left Luis Lozada's great challenge in the design of this apartment was positioning all the elements to take full advantage of the extraordinary 180-degree views. The result can be appreciated in this dining room with a straightforward design that is open to the kitchen and framed by broad windows.

Izquierda El gran desafío de Luis Lozada a la hora de diseñar este apartamento fue distribuir todos los elementos para aprovechar al máximo las extraordinarias vistas de 180º. El resultado puede apreciarse en este sencillo comedor, abierto a la cocina, y enmarcado por los amplios ventanales.

Above and right Each of the open
spaces in this apartment has
defining elements. An example is
the living room, where the beautiful
view of the Atlantic Ocean is
maximized. Underneath the plasma
TV is a fine piece of maple furniture
with a bar at one end that is hidden
by a door. The colors of the area
rug add liveliness to the overall
ambiance, distinguished by comfort
and good taste.

*Arriba y derecha Los espacios
abiertos de este apartamento tienen
elementos que definen cada área. Un
ejemplo es el salón, donde nuevamente
se aprovecha al máximo la bella vista
del océano Atlántico. El mueble sobre
el que se encuentra el televisor plasma
está hecho en arce. Un extremo del
mismo tiene una puerta que oculta el
espacio del bar. Los colores de la
alfombra dan vida a este ambiente,
marcado por la comodidad
y el buen gusto.*

Below Located in southern Miami, this residence has a transitional style with eclectic details. Designer Luis Lozada created the circular design above the front doors and in the floor. The ceiling's soffit allows for indirect lighting that projects unto the floor with great effect.

Abajo Esta casa, situada en el sur de Miami, tiene un estilo transicional, con toques eclécticos. El diseñador Luis Lozada creó los rosetones que se repiten sobre la gran puerta y en el suelo. El sofito del techo permite una iluminación indirecta que se proyecta en el piso con gran efecto.

Above Although modern lines predominate in this space—which ties together the kitchen with the main living room—there are accents from other styles, such as the antique candelabra. The wall unit is characterized by a curved design. A roomy sectional sofa features colors that are repeated in the rug. One of the many attractive features of this design is the sensation of spaciousness and open areas.

Arriba Aunque predominan las líneas modernas, este área -que une la cocina con el salón principal- tiene acentos de otros estilos, como el antiguo candelabro. La unidad de la pared tiene un diseño en curva. El amplio sofá en forma de ángulo tiene tonalidades que se repiten en la alfombra. La sensación de amplitud y de zonas abiertas es uno de los muchos atractivos de este diseño.

Above With the right selection of furniture and more classic, conservative lines, Luis Lozada has created an environment in this living room that invites relaxation and is ideal for sharing with friends, who can also enjoy the adjacent bar. The mahogany wood imparts more elegance and intimacy to this space.

Arriba Este salón tiene líneas más clásicas, más conservadoras. Con ellas y con la acertada selección de muebles, Luis Lozada ha creado un ambiente que invita al descanso, a la reunión con los amigos, que pueden disfrutar también del bar que está al lado de la sala. La madera de caoba da más elegancia e intimidad a esta zona.

Opposite page In this design, the dining room was placed right next to the kitchen. It is like a type of island, providing a great feeling of intimacy ideal for family meals. An elegant floating glass countertop rises above the counter separating this space from the kitchen.

Página opuesta En esta ocasión, se optó por colocar el comedor al lado de la cocina. Es una especie de isla, que ofrece una gran sensación de intimidad, ideal para las comidas familiares. Sobre el mostrador que separa este ambiente de la cocina hay un elegante vidrio flotante.

Above *Comfortable wicker chairs and a fine mosaic coffee table livens up this outdoor seating room looking out toward the pool. The intense colors of the cushions add cheerfulness to the truly welcoming environment.*
Arriba Cómodos butacones de mimbre y una refinada mesita central de mosaico alegran esta sala de estar exterior, que se asoma a la piscina. Los cojines de intensos colores añaden toques de alegría en un ambiente realmente acogedor.

Left *The original design of the pool allowed for the creation of three zones of varying depths. The bottom of the whirlpool has round river stones that mold into the pool itself. For kids, there is a wading area with playful waterspouts.*
Izquierda El original diseño de la piscina le permite crear tres zonas de distinta profundidad. El fondo del jacuzzi está formado por piedras redondas de río, que se pierden en la piscina en sí. No faltan los juguetones chorros de agua y la zona de lagartero, ideal para los más pequeños.

MARIO ARIAS

MARIO ARIAS, CEO

Arias Design Group
Coruña 26-23 y González Suárez
Quito, Ecuador
Telf. 223 2797
Fax 256 9168
ariaslopezmario@yahoo.com

ARIAS DESIGN GROUP received his training in conceptual architecture, interior design and industrial design at the Ecole Nationale Supérieure des Arts Décoratifs in Paris, France, like the renowned French architect Philippe Starck, applying integral design in all his projects and creating his own design firm.

Arias Design Group is a family company consisting primarily of brothers Mario and Mauricio, under the backing of their father, Mario Arias Salazar, the well-known Ecuadorian architect. During the past few years, design in all its facets has become a way of life for this team, which has created works that range from monumental architecture to furnishings, handbags and faucets, as well as interior environments for homes, commercial establishments and high-end restaurants.

From their strategically located office overlooking the whole city of Quito, Ecuador, new design trends for the local market are created and doors to the international market are opened in the search for a unique and typical style that blends the indelible stamp of the country's roots with leading trends of world-class design.

Quality, elegance, restraint, simple lines and design in all its details are characteristic of the work of Arias Design Group.

MARIO ARIAS recibió su formación en arquitectura conceptual, diseño interior y diseño industrial en la Ecole Nationale Superieure des Arts Decoratifs (París, Francia), al igual que el célebre Philippe Starck, aplicando el diseño integral en todos sus proyectos y creando su propia empresa de diseño.

Arias Design Group, es una empresa familiar formada principalmente por los hermanos Mario y Mauricio, bajo el apoyo de su padre el reconocido arquitecto del Ecuador, Mario Arias Salazar. Durante los últimos años, este equipo ha hecho del diseño en todas sus facetas su forma de vida, creando objetos que van desde la arquitectura monumental hasta muebles, líneas de carteras y griferias para el hogar, sin descuidar la creación de ambientes interiores en casas, oficinas, locales comerciales y restaurantes de alto nivel.

Desde sus oficinas localizadas estratégicamente dominando toda la ciudad de Quito se dictan las nuevas tendencias de diseño para el mercado local y se abren las puertas del mercado internacional con la búsqueda de un diseño propio, con el sello de las raíces del país conjugadas con la vanguardia del diseño mundial.

Calidad, elegancia, sobriedad, lineas puras, diseño en todos los detalles, son las características del trabajo de Arias Design Group.

Left Leading male garment company Bugatti looks to impact clients with the impressive avant-garde architecture of its headquarters, the Bugatti Building, where the entire mystique is in the interior. That is why the expansive exterior surfaces are windowless, contrasting with the clear and light entryway.

Izquierda Edificio Bugatti, empresa líder en venta de ropa masculina, que busca impactar a sus clientes mediante una arquitectura de impacto y vanguardia, donde todo el misterio está en el interior. Por eso, los pesados volúmenes exteriores no contienen ventanas y contrastan con el ingreso transparente y liviano.

Above Designed around its axis, this display room features "levitating" shelves that, due to a trick
visual effect, appear through illuminated curtains to be suspended without fastenings.
*Arriba Sala de exhibición en torno a un eje con repisas "levitando" gracias a un truco visual que simula las
estanterías sin sujección a través de cortinas iluminadas.*

Below These desks, done in wood and leather, have basic oval, cube and rectangle surface designs.
Abajo Diseño de escritorios con volúmenes simples, ovalados, cubos, rectángulos... Todo en madera y cuero.

Above This Japanese restaurant with a black background has beech-wood panels that are placed, according to Zen philosophy, to create warmth and quietness.

Arriba Restaurante japonés con fondo negro y paneles colocados según la filosofía Zen en madera de haya, para crear calidez y sobriedad.

Above This glass factory showroom is designed to highlight the qualities and characteristics of the company's products, creating well-lit spaces that contrast with warm wood finishes.
Arriba Showroom de exhibición de fábrica de vidrios. Con este diseño se trató de mostrar al cliente las bondades y características de su producto, creando espacios de mucha luz, contrastados con la madera para darle calidez.

Left This seating arrangement has simple straight lines and wood lacquered armrests that replace side tables. The back wall displays Alzate charcoal works of art, reinforcing the simplicity of the environment.
Izquierda Líneas rectas, simples, en cuero y superficie de madera lacada que reemplazan las mesas laterales. Pared de fondo con obras en carboncillo de Alzate, que refuerzan la simplicidad del ambiente.

Above The reception area of Seguros Oriente—a company that conveys to its clients an image as a technologically advanced trendsetting firm—is done in superb materials, such as wood, leather and steel.

Arriba Recepción de Seguros Oriente. Esta empresa comunica a sus clientes tecnología, vanguardia y transparencia. Todo está interpretado aquí con materiales nobles, como la madera, el cuero y el acero.

Left This minimalist environment puts emphasis on white spaces with geometric shapes, diffuse lighting, and neutral color furniture that contrasts with the rug's intense red color.

Izquierda Ambiente minimalista con énfasis en los espacios blancos con formas geométricas, luz difusa y muebles de color neutro que, a su vez contrastan con el rojo intenso de la alfombra.

Right In this very interesting environment, the two-story high, see-through ceilings also serve as exhibition platforms for furniture that can be accessed through the second floor.
Derecha Espacios a doble altura con cielos rasos que, a su vez, son superficies de exhibición para muebles accesibles desde el segundo nivel. Todo en un ambiente muy interesante y transparente.

Next page This neat-looking conference room—with corporate markings in the door and accessories—utilizes a lot of white color and clear surfaces.
Página siguiente: Sala de reuniones, con presencia corporativa en puertas y accesorios. Mucho blanco y mucha transparencia.

Below This dining room set for eight has simple styling, almost Oriental in nature, with a square table next to a replica of Le Corbusier.
Abajo Formas simples, casi orientales, en este comedor para ocho personas. En un diseño democráticamente cuadrado, junto a una réplica de Le Corbusier.

PERLA LICHI

PERLA LICHI

PERLA LICHI DESIGN
7127 N. Pine Island Road
Fort Lauderdale, Florida 33321
FL ID No. 1727 . FL ID No. 1037 .
FL ID No. 1039
Telf. 954.726.0899
Fax 954.720.5828
www.perlalichi.com

WORLD RENOWNED INTERIOR DESIGNER Perla Lichi, ASID, believes that beautiful rooms incorporate much more than aesthetics and that commissioning a licensed professional interior designer is the quickest and most cost-effective way to achieve great results. Widely recognized for her award-winning interiors, Lichi recently received 52 "Best" Awards from the Builders Association of South Florida. Her coffee table book, You Deserve Beautiful Rooms, was published in 2000 and a second edition, You Too Deserve Beautiful Rooms will be available in bookstores this fall.

"Every element of a room must reflect a client's tastes and enhance their own unique lifestyle. Rooms must simultaneously exude harmony, excitement, elegance and comfort." Whether the challenge is new construction or the renovation of an existing residence, Perla Lichi Design meets each project with dedication to ultimate client satisfaction.

Perla Lichi's versatility combined with keen eye for exceptional design enables her to create winning environments in any style. Current clients include builders, developers, successful entrepreneurs, business executives and professionals in every field including sports.

PERLA LICHI, ASID, diseñadora de interiores con prestigio internacional, está convencida de que una hermosa habitación incorpora mucho más que un concepto meramente estético y que contratar los servicios de un profesional del diseño interior, que tenga su correspondiente licencia, es el método más rápido y económico para lograr los mejores resultados. Recientemente, Perla Lichi recibió 52 premios "Best", concedidos por la Asociación de Constructores del Sur de la Florida. Su hermoso libro, "You Deserve Beautiful Rooms", fue publicado en el año 2000 y una segunda edición, "You Too Deserve Beautiful Rooms" estará en las librerías a partir del otoño del 2005.

"Cada elemento de una habitación debe reflejar los gustos del cliente y enfatizar su determinado estilo de vida. Por eso, las habitaciones tienen que ofrecer al mismo tiempo armonía, emoción, elegancia y confort". Ya se trate de una nueva construcción o de la renovación de una residencia existente, Perla Lichi enfrenta cada proyecto con una dedicación absoluta, para satisfacer totalmente al cliente.

Su versatilidad unida a su visión excepcional del diseño, le permite crear ambientes dignos de premio en cualquier estilo. Hoy cuenta entre sus clientes a constructores, hombres de empresa y profesionales de todo tipo de actividades, incluyendo a deportistas.

Left Custom built-ins accentuated with architectural detailing take full advantage of non-standard spaces. All Perla Lichi photography published here was done by Grossman Photography, Weston.
Izquierda Los muebles construidos a la medida, con detalles arquitectónicos, aprovechan al máximo los espacios no muy comunes. Todas las fotografías de Perla Lichi publicadas aquí son de Grossman Photography, Weston.

Above A glistening marble floor and decorative faux painting effects combined with
simple yet dramatic accessories create an inviting, dramatic foyer.
*Arriba La combinación de un resplandeciente piso de mármol, con efectos artísticos y
accesorios al mismo tiempo simples y dramáticos, es la base de este hermoso vestíbulo.*

Left High ceilings call for dramatic window and wall treatments and architectural detailing to bring large spaces into human scale.
Izquierda Los techos elevados piden tratamientos muy especiales en las ventanas y paredes, junto a detalles arquitectónicos, para que los grandes espacios tengan una escala humana.

Above Perla Lichi Design realizes that scale and proportion are essential elements of good design – equally as important as lovely furnishings, fabrics and accessories.
Arriba Perla Lichi sabe muy bien que la proporción y la escala son elementos esenciales para un buen diseño. Tan importantes como los bellos muebles, telas y accesorios.

Above Combining the various design elements requires the professional designer's designers combined use of science, skill and artistry.
Arriba Combinar los diversos elementos del diseño exige la combinación de conocimientos, habilidades y creatividad del profesional.

Right Spectacular views should be framed and enhanced by design yet also incorporate black-out capabilities when used in media rooms.
Derecha Las vistas más espectaculares deben ser enmarcadas y enfatizadas por el diseño. Pero, al mismo tiempo, deben tener la posibilidad de ser ocultadas cuando son utilizadas para ver la televisión.

Above Romantic bedrooms enable serene rest and relaxation – a must for today's hectic lifestyle. Here Perla Lichi combines various design elements to create the perfect "cocoon."

Arriba Los dormitorios románticos deben ofrecer un descanso relajado y sereno. Algo esencial en la vida actual tan estresante. En este caso, Perla Lichi combina varios elementos del diseño para crear el "nido" perfecto.

Left This casual dining room reflects a lighter more contemporary design look with an Oriental twist.
Izquierda Este comedor casual refleja un delicado diseño contemporáneo, con acentos orientales.

Below Building a functional three-screen media room within a small, oddly-shaped room is a dilemma easily solved with custom built-ins.
Abajo Construir una sala de entrenimiento, con tres pantallas, en un área pequeña y de espacios muy peculiares, es un dilema fácilmente resuelto con muebles hechos a la medida.

Above In this contemporary master bedroom Perla Lichi combines rich tones of merlot, brown and sage to create a soothing Zen-inspired ambiance.
Arriba En este dormitorio principal, Perla Lichi combina ricas tonalidades vino, marrón y salvia para crear un suave ambiente inspirado en la filosofía Zen.

Right Children's rooms and guest rooms can be designed with beauty and taste and still provide a leap into the wonderful world of fantasy.
Derecha Las habitaciones de los niños pueden ser diseñadas con belleza y buen gusto, sin renunciar por ello a entrar en el maravilloso mundo de la fantasía.

PISCINAS FIESTA

JORGE MARTINEZ DEL ROSAL

PISCINAS FIESTA
Avenida Hincapie 22-52 Zona 13
Guatemala, Centro América 01013
Telf. (502) 23-60-2734/44/54
Fax. (502) 23-60-2724
piscinasfiesta@terra.com.gt

PISCINAS FIESTA was launched in 2002 with the purpose of satisfying the need for more aggressive and different pool designs, while taking care to maintain integration with the surrounding natural habitat. The design proposals of Jorge Martínez del Rosal are unique, taking into account the preferences and likes of his clients and creating cheerful, comfortable and informal environments.

The materials and colors of the interior of his pools, as well as the surrounding landscaping, maintain the richness of Guatemala's exotic flora. The use of faux stone to simulate coral formations and waterfalls creates an ideal environment conducive to sight and sound relaxation.

PISCINAS FIESTA surge en el año 2002 con el fin de atender las necesidades de diseños de piscinas más agresivos y diferentes, pero con mucho cuidado a la hora de mantener una integración con la naturaleza circundante. Las propuestas de diseños de Jorge Martínez del Rosal son únicas y toman en cuenta las preferencias y gustos familiares de sus clientes, ofreciendo ambientes alegres, cómodos e informales.

Los materiales y coloridos, tanto del interior de las piscinas como de los jardines circundantes, mantienen la riqueza de la flora exótica de Guatemala. El uso de roca artificial simulando corales, cataratas y cascadas, proporciona relajantes momentos para la vista y el oído.

Left The backdrop of natural palms and the deep blue of the pool serve as a frame for this project. The pool features different depth levels and waterfalls that sprout from the surrounding rock formations.
Izquierda La combinación del fondo natural de palmeras con el azul profundo de la piscina enmarca este proyecto que, además, tiene diferentes profundidades en el interior de la piscina y cataratas en las rocas circundantes.

Above and left The curved shapes of these two pools—with different types of whirlpools—create private spaces ideally suited for relaxation and conversation.

Arriba y derecha Las formas curvas de estas dos piscinas en las cuales vemos dos diferentes tipos de jacuzzis, se combinan para ofrecer espacios privados para el relajamiento y la comunicación.

Above and below These two pools—each with its own unique shape—have dark blue tiled interiors in common. One is a vanishing edge pool and the other has several areas for recreation and rest.

Arriba y abajo Las dos piscinas de formas diferentes tienen en común el interior de mosaico azul oscuro. Una permite incorporarse al horizonte a través del borde que se pierde (vanishing edge) y la otra cuenta con varias áreas de recreación y descanso.

Left and below A sensation of depth is achieved in one pool by its deep blue color and in another by the blend of colors in its design. The vanishing edge pool with linear design features expansive views of the river.

Izquierda y abajo De nuevo, el colorido azul profundo en una y la mezcla de colores mediante un diseño en otra, ofrecen una idea de profundidad. La orilla que se pierde (vanishing edge) en la piscina de líneas rectas incorpora la vista del río.

Above With the sea as a backdrop, the multiple depths and raised whirlpool in this vanishing edge pool result in different sight lines. The tiles in the pool match the color of the sea.

Arriba La vista al mar de fondo a través de esta piscina con borde que se pierde, las diferentes profundidades y el jacuzzi elevado nos permiten en esta piscina tener diferentes perspectivas visuales. El color del mosaico iguala el del azul del mar.

Above and left Nature envelops these two projects, featuring strategically located planters that not only add color to the pool area, but also provide shade to protect from the sun.

Arriba e izquierda La naturaleza envuelve a estos dos proyectos al haberse ubicado jardineras que no sólo dan color a las piscinas, sino que también ofrecen sombras para protegerse del sol.

Above *The lake is perfectly tied-in to the vanishing edge pool, resulting in a relaxing, yet spectacular view. The raised whirlpool offers a better visual perspective.*

Arriba El lago se incorpora perfectamente a la piscina de borde que se pierde, ofreciendo una vista relajante y un paisaje espectacular. El jacuzzi en alto ofrece una mejor perspectiva visual.

Above and left The artificial stone formation featured in this pool's waterfall and the surrounding rocks combine to create a very pleasant environment. The soothing sounds of the falling waters add to the natural ambiance.

Arriba e izquierda El trabajo de roca artificial en esta cascada y las rocas circundantes de la piscina ofrecen un ambiente muy agradable. El agua que cae de las mismas crea la sensación de formar parte de la naturaleza.

RICHARD LEVINE
PEPE CALDERIN

RICHARD LEVINE
PEPE CALDERIN

LEVINE, CALDERIN & ASSOCIATES
3814 N.E. Miami Court
Miami, Florida 33137
Telf. (305) 576 0254
Fax (305) 576 0259
www.levinecalderin.com
info@levinecalderin.com

SINCE ITS ESTABLISHMENT in 1980, Levine, Calderin & Associates has experienced continuous growth thanks to a constantly increasing clientele that each time is more convinced of the quality of the projects created by this prestigious interior architecture firm. Principal partners Richard Levine and Pepe Calderin never cease to display their great creativity in a wide range of residential and domestic jobs. Levine, a University of Florida architectural graduate, has an extensive track record designing residences and office building in Florida, New York, Los Angeles, Argentina, Venezuela, Peru and Chile. Calderin has received numerous awards for his projects as a result of a very solid philosophy: "For me, a good design is a beautiful work of art: a space without barriers and with infinite possibilities, where body and spirit can achieve harmonious equilibrium. A good design has eternal attraction."

The variety of styles, close attention to detail, and absolute devotion to make their clients' dreams a reality are some of the credentials on which this firm's success is grounded.

DESDE SU FUNDACIÓN EN 1980, Levine, Calderin & Associates no ha dejado de experimentar un continuo desarrollo, gracias a una clientela cada vez más numerosa y cada vez más convencida de la calidad de los proyectos realizados por esta prestigiosa firma de diseño arquitectónico de interiores. Sus socios principales, Richard Levine y Pepe Calderín, no han cesado de dar muestras de su gran creatividad, en trabajos que van desde residenciales hasta comerciales. Richard Levine, graduado de Arquitectura por la Universidad de la Florida, tiene una gran trayectoria diseñando casas y edificios de oficinas en la Florida, New York, Los Angeles, Argentina, Venezuela, Perú y Chile. Por su parte, Pepe Calderin ha recibido numerosos premios por sus proyectos, que parten de una filosofía muy concreta: "Para mí, un buen diseño es una hermosa obra de arte: un espacio sin barreras y con posibilidades infinitas, donde el cuerpo y el espíritu pueden lograr un armonioso equilibrio. El buen diseño tiene un atractivo eterno".

La variedad de estilos, la profunda atención a los detalles y la entrega total para hacer realidad los sueños de sus clientes, forman parte de las credenciales sobre las que se fundamenta el éxito de esta empresa.

Left The use of wood in the wall panels, as well as in the furniture, creates a warm environment in this living room. Straight and curved lines create a contrast of great interest.
Izquierda El uso de la madera, tanto en los paneles como en los muebles, ofrece un ambiente muy cálido en esta sala. Las líneas rectas y curvas crean un contraste de gran interés.

Right The combination of several materials—stone, wood, glass—forms the basis for this contemporary design.
Derecha La combinación de varios materiales -piedra, madera, cristal- es la base de este diseño, de líneas contemporáneas.

Above *The light shades of color in this space—combining living room, dining room and kitchen—give the sensation of more spaciousness. The spotlights are strategically placed.*
Arriba Las tonalidades claras de este ambiente, que combina sala, comedor y cocina, dan la sensación de mayor amplitud. Los focos de iluminación están estratégicamente colocados.

Oposite page *This modern furniture arrangement is oriented to provide maximum enjoyment of the beautiful ocean view.*
Página opuesta La distribución de los muebles de diseño moderno tiene como punto de unión disfrutar al máximo la bella vista del océano.

Left This elegant bathroom features wood furnishing and stone walls—a mix that, in addition to being pragmatic, offers a delicate balance.
Izquierda Este elegante baño está marcado por los muebles de madera y las paredes y piso de piedra. Es una mezcla que, además de ser muy práctica, ofrece un delicado equilibrio.

Opposite page A grand piano is the basic piece in this residence's music room. The use of wood injects warmth to this ambiance.
Página opuesta El piano es la pieza fundamental en la sala de música de esta residencia. Una vez más, el uso de la madera le inyecta más calidez a este ambiente.

Right A relaxing effect is achieved in this bedroom thanks to the curves in the walls—repeated in the lamp—and the cream and light blue colors that dominate the space.
Derecha En este dormitorio se logra un relajante efecto gracias al uso de las curvas en la pared -repetidas en la lámpara- y los colores crema y azul claro que dominan el espacio.

Right The perfect placement of all the appliances puts everything within reach in this moderately sized kitchen.
Derecha La perfecta distribución de todos los equipos electrodomésticos hacen que en esta cocina, de dimensiones no demasiado grandes, todo esté al alcance de la mano.

Opposite page Art Deco furnishings and accessories add beauty and balance. The black details serve as decorative accents and, in the case of the floor fringe, to define spaces.
Página opuesta Este espacio tiene muebles y accesorios Art Deco, que dan belleza y balance. Los toques negros sirven como acentos decorativos y, en el caso de la franja del suelo, para separar ambientes.

Below Shades of gold create a very intimate ambiance in this bedroom, highlighted by a back wall delicately quilted in fabric.
Abajo Tonalidades doradas crean un ambiente de gran intimidad en este dormitorio. Hay que destacar la pared de fondo, delicadamente enmarcada en tela.

ROBERTO SÁNCHEZ

ROBERTO SANCHEZ

Roberto Sánchez Design
824 NW 28 Street
Wilton Manors, Florida, 33311
Telf. 954.568.7094
Cell. 954.614.1793
Fax 954.568.3217
robertohector@bellsouth.net

ROBERTO SANCHEZ, an internationally trained architect and interior designer, specializes in original design, innovative space planning and the rich use of color and texture that has become the hallmark of his work. His unique creativity established a strong international following early in his career.

Sanchez's design vision began in 1980 in Cordoba, Veracruz, Mexico, where he founded his Architectural Firm and Decoration Company "ARDECO." His efforts embellished the lives of clients in Mexico and Panama, winning him international recognition. His first job in the United States was to design several penthouses in New York. This East Coast experience encouraged him to relocate to South Florida. After several years of working on public space and large-scale building projects, it became apparent to Roberto that his true passion lies in the creative expression of interior design. The vision and talent of Roberto Sanchez can be seen in South Florida residences, extending from Palm Beach to the Keys. In addition, his work adorned the pages of publications. And his home was selected to appear in Architectural Digest, in a special edition: "How the designers live".

"It is a pleasure to see my clients dreams and sublime feelings become reality," said Sanchez.

ROBERTO SANCHEZ, destacado arquitecto y diseñador de interiores, entrenado internacionalmente, se especiliza en un diseño original, planificación de espacios innovadores y el uso de ricos colores y tejidos que son la marca de su trabajo. Su inusitada creatividad le ha dado un nutrido número de clientes internacionales desde que inició su carrera.

La visión de Sánchez hacia el mundo del diseño empezó en 1980, en Córdoba (Veracruz, México) donde fundó su empresa de Arquitectura y Decoración "ARDECO". Sus esfuerzos embellecieron las vidas de clientes de México y Panamá, y por ello recibió un merecido reconocimiento internacional. Su primer trabajo en Estados Unidos fue en Nueva York, donde diseñó varios penthouses. Después se trasladó al Sur de la Florida donde, tras varios años trabajando espacios públicos y proyectos de gran escala, se convenció de que su gran pasión era la expresión creativa del diseño de interiores. La visión y el talento de Roberto Sánchez pueden verse en muchas residencias del Sur de la Florida, desde Palm Beach hasta los Cayos. Además, sus trabajos han sido publicados en muchas revistas. Su casa fue seleccionada para aparecer en un edición especial de Architectural Digest: "Cómo viven los diseñadores". "Es un verdadero placer ver que los sueños de mis clientes y sus sentimientos más sublimes se convierten en realidad", afirma Sánchez.

Left The combination of wood ceiling beams with rattan furniture and white sheer drapes with the fabric of the chair cushions creates an interior environment in this outdoor area.

Izquierda La combinación de madera en el techo con los muebles de rattan, los paneles de "sheer" blanco con la tela de los asientos crean en esta área exterior un ambiente interior.

Above The warmth and elegance of this living room is achieved through the design of the curtains and the light shades of the ceiling and walls. The rug design accentuates the polished marble flooring, combining with the sculpted stone of the fireplace.
Arriba La calidez y elegancia de esta sala se logró con el diseño de las cortinas y los tonos claros en los techos y en las paredes. Los pisos de mármol pulido acentúan el diseño de la alfombra y combinan con la chimenea de piedra tallada.

Above   The wood paneling and detailed carvings of the chimney moldings create a very cozy spot in this corner area.

Arriba   *Los paneles de madera en las paredes y el detalle de la moldura aplicada sobre la chimenea hacen de este rincón un sitio muy acogedor.*

Above These beautiful stained glass doors, framed by hand-carved stucco, are designed to provide privacy and importance to the dining room entrance.
Arriba Para darle privacidad e importancia a la entrada del comedor se diseñaron estos bellísimos vitrales, enmarcados por el estuco labrado.

Above The rich fabrics in this dining room's décor, along with the design of the curtains and the beauty of the chandelier, create an environment of elegance.
Arriba Las ricas telas usadas en la decoración de este comedor, junto con el diseño de las cortinas y la belleza del candelabro, crean gran elegancia.

Right An antique armoire is the featured piece in the design of this den, with mahogany wood beams, wall paneling and bookshelves. The Matiland Smith desk rests on top of a Persian rug.
Derecha Un armario antiguo fue la pieza principal en el diseño de esta oficina, en la cual se utilizó madera de caoba para las vigas, los paneles de las paredes y los libreros. El escritorio Maitland Smith descansa sobre una alfombra persa.

Above *Although a bit unusual, this kitchen's design incorporates two Swarovski chandeliers above the central island.*

Arriba   Aunque es poco usual, el diseño de esta cocina se realizó con la integración de dos candelabros de Swarovski, que están sobre la isla central.

Right Granite counter-tops, stone columns and wrought iron arabesque make this divider a unique piece of furniture.
Derecha Tapa de granito, columnas de piedra y el detalle de los arabescos en hierro hacen de este mueble divisorio una pieza única.

Right The wood beams, crown moldings and faux marble finish, along with the earth tone fabrics and light wood furniture, provide warmth and frame the ceiling of this family room.
Derecha El trabajo de vigas con molduras y un acabado de falso mármol enmarcan el techo de este recinto familiar que, junto con las telas en tonos tierra y las maderas claras usadas en el diseño de los muebles, dan calidez a este cuarto de televisión.

Right The main challenge in the design of this master bathroom is the hand-carved stucco walls, which magnifies the beauty of the whirlpool tub that features a cascade as a decorative element.
Derecha El reto de este baño principal fue el diseño de los paneles de estuco, tallados a mano, que acentúan la belleza del jacuzzi, el cual tiene como elemento decorativo una cascada en la parte posterior.

Below This French-style bedroom gets a touch of elegance from the wide-striped wallpaper, highlighting the curtains with fabric cornices that frame the beds' headboards.
Abajo Las cornisas de tela con cortinas que enmarcan las cabeceras de estas camas, se acentúan con el papel tapiz rallado de las paredes que le dan un toque de elegancia a este cuarto de estilo francés.

Above *The salmon-colored silk pillows, taffeta bedspread and green silk window treatments create a harmonious combination that stands out against the cream colored rug and ceiling.*
Arriba La combinación de la seda de color salmón en los cojines y el cubrecama con el taffeta y la seda verde de las ventanas crean una armoniosa combinación que se acentúa con el color crema en la alfombra y el techo.

SEIS ARQUITECTOS, S.A.

SEIS ARQUITECTOS, S.A.

7a. Ave. 11-63, Z. 9 Sótano
Galerias España, Local C-1
Guatemala, Guatemala 01009
Telf. (502) 2361 2470
Fax. (502) 2331-9886
info@seisarquitectos.com

ESTABLISHED in 1997, Seis Arquitectos is a group of professionals whose individual track record has left a significant imprint in Central American architecture and, particularly, in Guatemalan architecture. Previously having worked in three independent entities, the members of Seis Arquitectos noticed that there was an affinity to their way of thinking and search for the optimum solution to actual architectural problems. Although it was evident from the onset that their architectural styles were distinctive, the union of their efforts immediately began to generate a new collective architecture that responds in a different and innovative manner to the specific needs of this new age of globalization. Today, Seis Arquitectos is a solid company that takes its shape from creative people who share a positive vision toward the world's challenges and a great sense of respect toward past memories. These traits allow for teamwork to arise from collective brainstorming sessions in which a series of solutions are analyzed, discussed and proposed, resulting in a synthesis of the best ideas and strategies for the project at hand. This type of collaborative work, led by six greatly experienced and highly reputable architects, results in careful and efficient development of the functional and financial aspects as well as the formal and cultural characteristics of each specific project.

FORMADO en 1997, Seis Arquitectos es un grupo de profesionales cuya trayectoria individual ha dejado huellas significativas en la arquitectura centroamericana, y especialmente en la guatemalteca. Anteriormente trabajando en tres grupos independientes, los integrantes de Seis Arquitectos vieron la afinidad existente entre sus formas de pensar y en su búsqueda por la óptima respuesta a los problemas actuales de la arquitectura. Aunque la distinción en sus lenguajes arquitectónicos era evidente en un principio, la unión de sus esfuerzos empezó a generar de forma inmediata una nueva arquitectura colectiva que respondía de una manera diferente y con inventiva a las necesidades específicas que surgen en esta nueva era de la globalización. Hoy, Seis Arquitectos es una firma sólida formada por personas cuya visión positiva hacia los retos del futuro, y su gran sentido de respeto hacia la memoria del pasado, hacen que su labor de equipo nazca de una mesa colectiva de trabajo en la que se analiza, discute y propone una serie de soluciones para formar una síntesis de las mejores ideas y estrategias para el proyecto en el que se trabaja. Esta forma de trabajo en colaboración, liderado por seis arquitectos de gran experiencia y reputación, permite que tanto los aspectos funcionales y económicos, como los aspectos formales y culturales de un proyecto, sean desarrollados cuidadosamente y con la mayor eficacia posible.

Left The native clay brick color and texture enhances the inclined wall of the east façade, a perfect example of form following function in which the design allows for a larger usable area on top floors.
Izquierda El color y la textura vernácula del ladrillo de barro, realza los muros inclinados de la fachada oriental. Un buen ejemplo de que lo formal sí tiene una función: en los niveles superiores se obtuvo mayor área útil.

Above Galerías Miraflores. South Plaza entrance. With exteriors of great visual impact, this shopping center complex received the 2005 Excellence Award of "Cementos Progreso". This recognition is bestowed in several categories on the most outstanding architectural project of the last three years.

Arriba Galerías Miraflores. Ingreso por la plaza sur. Los volúmenes exteriores son de gran impacto visual. Este proyecto obtuvo el Premio a la Excelencia de Cemento Progreso del año 2005, galardón que se otorga a la obra más sobresaliente de los últimos tres años, entre varias categorías.

Below Galerías Miraflores. Main atrium. The design concept is based on creating an excellent and practical interior function for the building that greatly contributes to its business success. This atrium offers a wide view of the open interior of the shopping center.

Abajo Galerías Miraflores. Atrio principal. La concepción del diseño se fundamenta en la obtención de un buen funcionamiento interior del edificio, que contribuye al éxito comercial del mismo. En este espacio se obtiene una visual completa del centro comercial.

Right The predominant architectural features of this residence's top floor is the bridge with a stainless steel handrail and the domed skylight that allows natural light to reach the main floor.

Derecha En la planta alta predomina el puente con su pasamanos de acero inoxidable y la transparencia de su cubierta, que permite el ingreso de iluminación natural hacia la planta baja.

Below, left Predominant in the dwelling's driveway access and front façade is a two-story high projecting overhang, accentuating the understated, yet impressive architecture.

Abajo, izquierda Acceso y fachada principal, en la que destacan un voladizo a doble altura y la sencillez y sobriedad de su arquitectura.

Below, right The straightforward elegance of the interiors is evident in this view from the main floor foyer.

Abajo, derecha Vista desde el vestíbulo en la planta baja, donde se aprecia la simplicidad y elegancia de los ambientes.

Left The open architectural design successfully achieves the fusion of several environments with different functions.
Izquierda *Arquitectura que logra la fusión de varios ambientes con diferentes propósitos.*

Below In this residence, elements such as plants, water and floating concrete platforms allow for the interaction of nature with architecture. Other architectural details are accentuated by the mix of materials, including the wood pergola, brick walls and stone treatments. The master bath is framed by marble and flooring.
Abajo *En esta residencia, los elementos como la vegetación, agua y plataformas flotantes de concreto permiten la interacción de la naturaleza con la arquitectura. Además, la combinación de materiales como la pérgola de madera, muros de ladrillo y piedra, acentúan los detalles arquitectónicos. El baño principal está enmarcado por muros y pisos de mármol.*

Above The rear façade is distinguished by its wide windows, integrating nature with the interior spaces, which are protected by the linear design pergolas.

Arriba Fachada posterior distinguida por sus amplias ventanas que integran los espacios interiores con la naturaleza exterior, brindándole protección por medio de pérgolas de líneas rectas.

Above The natural exterior environment can be seen from the main living room.
Arriba Vista de la sala principal desde la cual se puede contemplar el entorno natural exterior.

Left Similar function spaces such as the kitchen and breakfast area are integrated.
Izquierda Integración de espacios afines como son la cocina y el desayunador.

Above Featuring a two-story high ceiling, the living room is connected to the family room trough a right-angled balcony. The fireplace structure is ideally designed to display collectibles. A skylight provides natural light to an interior garden.

Arriba La sala de dos niveles de altura se comunica con la sala familiar por un balcón a escuadra, con el elemento de chimenea, el cual sirve de exhibidor de piezas de colección. Un jardín interior recibe luz natural por un tragaluz.

Left A breakfast area opens to a profusely landscaped covered pool. The pergola filters the light, providing a warm and welcoming environment.

Izquierda El desayunador se abre hacia la piscina cubierta, profusamente ajardinada. La pérgola filtra la luz para dar un ambiente cálido y acogedor.

Left With a distinctive architecture of simple lines, this building features an open-space motor lobby above which are the office levels. Each successive floor increases in size, providing more functional space to the upper levels. Imparting an impressive and majestic presence, the curved shape of the building, which arose from the circular lot, creates the interior volume.

Izquierda Con una arquitectura de líneas simples, este edificio presenta una estructura de espacio abierto en el motor-lobby, sobre el cual descansan los niveles superiores de oficinas. Las plantas van creciendo horizontalmente dando así más área útil a los niveles superiores. La curva que le da volumen al ingreso surge de la forma circular del terreno, dando lugar a una línea imponente y majestuosa.

Right Located at the foot of the small hill of Culebra (dating from the preclassical Mayan period), this building is surrounded by extensive greenery and wooded areas. The circular shape of the building is rotated at a 45 degree angle, focusing the main view toward the Volcán de Agua. The lower floors house two-bedroom apartments and the narrower upper levels feature three-bedrooms units. The apartment in the first upper level is a penthouse-type unit, with a circular balcony around the whole structure.

Derecha Ubicado al pie del montículo de la Culebra (que data del periodo preclásico Maya), este edificio está rodeado de amplia área verde y boscosa. La planta de forma circular está girada a 45 grados, enfocando la vista principal del edificio al Volcán de Agua. El edificio presenta una planta base en la cual están situados los apartamentos de dos dormitorios y un volumen superior más angosto, donde se encuentran los apartamentos de tres dormitorios. El apartamento de transición entre ambos es uno del tipo penthouse, que cubre todo el nivel con una terraza circular en todo el contorno.

STUART GELLER

STUART GELLER

GELLER DESIGN GROUP, INC.
20774 West Dixie Highway
Aventura, FL 33180
Telf. 305.937.0111
Fax 305.932.1912
stuart@gellerdesigngroup.com
License ID #0001705

STUART GELLER, president of The Geller Design Group, opened his design studio in South Florida in the late 1970s. From the onset, his philosophy has been to create livable homes through timeless and classic design.

Over the years, Geller has broadened his knowledge through study and extensive travel throughout Europe and Latin America. His designs for his international clientele encompass homes in Mexico City, Caracas, New York and New Jersey, in addition to countless South Florida residences. Geller has earned coveted Builders Association of South Florida (BASF) Platinum Awards for a major developer's model residences as well as the organization's Best of the Best Award for a private residence.

STUART GELLER, presidente de The Geller Design Group, abrió su estudio de diseño en el Sur de la Florida a finales de la década de los 70. Desde el principio, su filosofía se ha basado en construir residencias marcadas por un diseño clásico y atemporal.

Con el pasar de los años, Geller ha ampliado sus conocimientos a través de intensos estudios y muchos viajes por Europa y América Latina. Entre sus trabajos para una clientela internacional se incluyen residencias en Ciudad México, Caracas, Nueva York y Nueva Jersey, además de innumerables en el Sur de la Florida. Geller ha logrado el prestigioso Premio Platino de la Asociación de Constructores del Sur de la Florida (BASF) por el proyecto de una residencia modelo para un importante constructor, así como el premio "Mejor de los Mejores" de la misma organización por una residencia privada.

Left Entrance to residence with a Parisian influence. Designer photographed entrance and foyer in Paris to create an appropriate BASF (Builder Association of South Florida) platinum award-winning residence.
Izquierda Esta entrada tiene una indudable influencia parisina. El diseñador fotografió varios vestíbulos en París para crear esta residencia que ganó el premio platino de BASF (Asociación de Constructores del Sur de la Florida).

Right Dining and entertaining adjacent bar with Regency styled mirrored doors. Interior with black carrera glass to add elegance and understatement to the dining room.
Derecha El área del comedor y entretenimiento está enmarcada por puertas de cristal estilo Regency. El interior tiene detalles de cristal negro que añaden elegancia y distinción al comedor.

Below Geller anchored a Bombay chest in this elongated entrance foyer. Through the discipline of simmetry, Geller balanced not only the corbels, but flanked the commode with much needed additional chairs for the client's dining needs.
Abajo Como punto de atención del vestíbulo, Geller colocó una cómoda Bombay, rodeándola con dos lámparas de pared y dos sillas que los clientes usan en el comedor, cuando las necesitan. De este modo, logró un rincón de gran belleza y simetría.

Above In this living room, which is comprised of two entire glass walls, Geller incorporated an architectural wall consisting of different niches which accomodates entertainment needs.

Arriba En este salón, enmarcado en dos paredes de cristal, Geller incorporó un muro arquitectónico con varios nichos donde se han colocado equipos de entretenimiento y audiovisuales.

Above *When the clients requested a bar, Geller created an all-purpose elegant and functional entertainment area.*
Arriba Cuando los clientes pidieron un bar, Geller creó un área de entretenimiento absolutamente elegante y funcional.

Above In this foyer, where the ceiling was lowered to accomodate mechanical and electrical needs, Geller found in London this subtle stripe that accentuates height and introduces the theme of lavender and créme.
Arriba En este vestíbulo, en el cual se modificó el techo para acomodar el sistema eléctrico, Geller añadió la tela de pared a base de sutiles rayas que encontró en Londres. Es una nota que acentúa la altura e introduce los tenues colores del rincón.

Right Within a living/dining room combination, Geller created a contemporary classic dining room for his international clients.
Derecha Con una mezcla de salón/comedor, Geller creó este comedor de líneas clásicas, para sus clientes internacionales.

Above A guest retreat with the feel of "The Hamptons", where Geller frequents
every summer and was educated.
Arriba Este cuarto de invitados tiene la nostalgia de "Los Hamptons", donde Geller
se educó y donde suele pasar sus vacaciones de verano.

Above Transformation-redefined through the use of color. Geller punctuated the space with texture and pattern to create vitality and elegance.

Arriba Una transformación casi total. Gracias al uso del color, Geller destacó este espacio con un diseño dirigido a crear vitalidad y elegancia.

URIBES

CAYETANO URIBE BAUMGARTNER
MÓNICA URIBE DE BRAUER
GABRIELA URIBE DE MISLE

D.D.R.I. Uribes y Asociados
González Suárez N. 27-147 y 12 de Octubre
Quito-Ecuador
Telf. 593-2-252-7336
Fax. 593-2-252-8567
uribes@interactive.net.ec

URIBES is a very well-known Ecuadorian company established ten years ago by three partners dedicated to interior design and architecture: Cayetano Uribe Baumgartner, Mónica Uribe de Brauer and Gabriela Uribe de Misle. URIBES is characterized by the diversity of it's jobs from architectural planning to being in charge of the execution of the works, interior design, finishing touches, furniture design made to measure and integral consultancy. It is a versatile firm as regards to styles, creating residential as well as commercial projects.

URIBES es una reconocida empresa ecuatoriana formada hace 10 años por tres socios, dedicados al diseño interior y arquitectura: Cayetano Uribe Baumgartner, Mónica Uribe de Brauer y Gabriela Uribe de Misle. URIBES se caracteriza por la diversidad en sus trabajos, desde planificación arquitectónica hasta dirección en la ejecución de obras, diseño interior, acabados, diseño de muebles a medida, asesoría integral. Es una firma versátil en cuanto a estilos y realiza proyectos tanto residenciales como comerciales.

Left URIBES also has a sales and exhibition store with furniture from all over the world and with its exclusive designs.
Izquierda URIBES además cuenta con un almacén de venta y exhibición de muebles de todas partes del mundo y de diseño exclusivo.

Above Study in English style blending antique furniture with fixed woodwork made by expert Ecuadorian artisans to highlight each detail.

Arriba Estudio tipo inglés conjugando muebles antiguos con trabajos de madera fijos realizados por expertos artesanos ecuatorianos para realzar cada detalle.

Above and below The coordination between the arquitectural design, lightning, interior design and the client's requirements produce a spectacular result.
Arriba y abajo *La coordinación entre el diseño arquitectónico, diseño de iluminación, diseño interior y requerimientos del cliente produce un resultado espectacular.*

Above and left Modern environments decorated with a great deal of natural materials can be appreciated in the main living room, dining room and auxiliary living room.

Arriba e izquierda Ambientes modernos decorados con mucho material natural como se puede apreciar en la sala principal, comedor y sala auxiliar.

Above, right and ext. right In the master bedroom, master
bathroom and the girl's bedroom, each material used with
respect to quality, color, and design matches together, achieving
totally decorated environments.

Arriba, derecha y ext. derecha En el dormitorio master, baño
master, y dormitorio de niña, cada material utilizado en cuanto
a calidad, color y diseño concuerda para lograr que estos
ambientes estén decorados en su totalidad.

Right Skylight decorated with cast iron in an exclusive design. Cupola hand painted in oils. Custom made chandelier in cast bronze made especially for the place.
Derecha Claraboya decorada con enrejado en hierro fundido de diseño exclusivo. Cúpula pintada a mano al óleo. Lámpara realizada en bronce fundido especialmente para el lugar.

Left and below The spaces in this residence are decorated with the purpose of highlighting the collection of colonial relics. The diamond design is repeated in all the environments, expressed in different materials such as carved wood, cast iron and embossed leather.

Izquierda y abajo Ambientes en una misma residencia decorada con la finalidad de resaltar la colección de reliquias coloniales. El diseño de rombo se repite en todos los ambientes expresado en diferentes materiales como madera tallada, hierro fundido y cuero repujado.

Above and left A contemporary design of an office
and a meeting room that can be considered
atemporal because of the use of fine materials such
as travertine marble in the floor, granite on the top of
the furniture as well as the use of black leather
in all the environments. All this combined with solid
laurel wood from the Ecuadorian amazon.

Arriba e izquierda *Un diseño contemporáneo de
oficina y sala de reuniones que puede ser considerado
atemporal por la utilización de materiales nobles
como el mármol travertino en los pisos, granito en los
topes de los muebles así como la utilización de cuero
negro en todos los ambientes. Combinando con
madera sólida de laurel del oriente ecuatoriano.*

VALLADARES & BERNHARD

GUILLERMO VALLADARES
JUAN F. BERNHARD

VALLADARES & BERNHARD
4a. Avenida 8-77 Zona 10
Guatemala, Guatemala
Tel.: (502) 2331 0163
Fax (502) 2334 1133
gvalladares@intelnet.com
www.habitart.net/vyb

OUR COMPANY, V. & B. Arquitectos, Ingenieros, was founded by Architect Guillermo Valladares and Engineer John F. Bernhard. It is a firm dedicated to the architecture, planning and creation of projects.

Founded more than 20 years ago, the firm focuses on residential and commercial design, specializing on bank design. We rely on vast experience, having designed and built more than 300 bank branches. It is important for us to project the personality of the client in creating designs that transcend and, at the same time, maintain the naturalness of the environment. Each house is unique, each project is singular.

Even though our company's work is more oriented toward the design of corporate offices, we have created many residential projects, as well as seaside vacation homes, restaurants and, more recently, hotels—all with a special design.

Our firm is capable of creating integral projects, from basic concept to the construction process, including furnishings and accessories. Likewise, our office provides consulting services in the area of change of company image and the creation of a new corporate image, designing self-identification elements for each client that requests them.

NUESTRA EMPRESA V. & B. Arquitectos, Ingenieros, fue fundada por el Arquitecto Guillermo Valladares y el Ingeniero Juan F. Bernhard. Es una firma dedicada a la arquitectura, planificación y creación de proyectos.

Se fundó hace más de 20 años, enfocándose en el diseño residencial y comercial, con especialidad en el diseño bancario. Contamos con una experiencia de más de 300 sucursales bancarias diseñadas y construidas. Es importante para nosotros proyectar la personalidad del cliente, creando diseños que trasciendan y, al mismo tiempo, que mantengan la naturalidad del ambiente. Cada casa es única, cada proyecto es particular.

A pesar de que el trabajo de nuestra empresa se orienta más hacia el diseño de oficinas corporativas, se han realizado muchos proyectos residenciales, así como casas de descanso a la orilla del mar, restaurantes y recientemente hoteles, todos con un diseño especial.

Nuestra firma está capacitada para realizar proyectos integrales, desde el concepto básico, hasta el proceso constructivo, incluyendo mobiliario y accesorios. Asimismo, nuestra oficina presta servicios de asesoría en el cambio de imagen empresarial y en la creación de una nueva imagen corporativa, diseñando elementos de identificación propios para cada cliente que así lo solicite.

Left Partial view of the boardroom, in which the mahogany paneling with steel strip inlays contrast with the black leather chairs. A rug in grey tones serves as backdrop and, as focus point, there is a painting with colors that complement the surroundings.

Izquierda Vista parcial del salón de consejo, donde los paneles de caoba con incrustaciones de cintas en acero contrastan con el cuero negro de los sillones. Una alfombra en tonos grises sirve de fondo y, como punto focal, un cuadro utilizando los colores complementarios del ambiente.

Above The open spaces expand depth, creating beautiful contrasts between the mahogany panels and furniture and the steel accents. The background walls are painted in a lead blue color. Hanging from them are paintings with contrasting colors.

Arriba Los espacios abiertos amplían la profundidad, creando hermosos contrastes entre los paneles y los muebles de caoba y los detalles en acero. Los muros de fondo están pintados en azul plomizo. En ellos, varios cuadros de colores contrastantes.

Above The mix of materials in this area—walnut panels and steel accents—contrast with the tempered glass partitions, all of which is tied together by a neutral tone rug. As focal point, a painting of the Guatemalan plateau graces the wall.

Arriba La combinación de materiales de esta sala, paneles de nogal y detalles de acero contrastan con divisiones de cristal templado siempre integradas con una alfombra de tonos neutros. Como punto focal, un cuadro con motivos del altiplano guatemalteco.

Below Because of its golf course location, we thought that the construction of this residence should take the shape of integrated spaces, distinguished by the light and dark Sienna tones that contrast with the lush landscaping.

Abajo Por estar localizada en un campo de golf pensamos que la edificación de esta residencia debería formarse por volúmenes integrados unos con otros, resaltados entre sí por los tonos Siena claros y oscuros que contrastan con una nutrida jardinización.

Below This family room connects with the bedroom area by a bridge with mahogany handrails and tempered glass sides. A warm Chichipate wood floor provides a perfect link between the two spaces.

Abajo *Esta sala familiar conecta con el área del dormitorio por un puente con pasamanos de caoba y cristal templado. Un cálido piso de madera de Chichipate logra la integración perfecta de estos ambientes.*

Above and below The exuberant vegetation of the Guatemalan coast was advantageously utilized as an important element in the concept of space for this vacation home. The limitation of the social areas and the privacy of the intimate spaces were achieved by means of lush gardens.
Arriba y abajo La exuberante vegetación de la costa guatemalteca ha sido aprovechada como un elemento importante en el concepto espacial de esta residencia de descanso. La limitación de las áreas sociales y la privacidad de las áreas íntimas se logra a través de frondosos jardines.

Above and right The color of the octagonal-shaped "palapa" served as inspiration to provide unity to the whole project. Bamboo lamps were designed in the form of fishing nets, creating marine motifs to complement the decorations.
Arriba y derecha Se construyó una palapa en forma octogonal y su color sirvió de inspiración para darle a todo el conjunto una unidad. Se diseñaron lámparas en bambú que recuerdan redes de pescar, tratando de crear motivos marinos que complementen la decoración del área.

Right This two-story high great lobby, which provides access to the different departments, has become an art gallery.
Derecha Este gran lobby de doble altura se ha convertido en una galería de arte que, a su vez, presta el servicio como un gran distribuidor de circulaciones hacia las distintas dependencias.

Below Marble floors, glass walls and round shapes provide a dynamic feeling that reflects the company's personality.
Abajo La utilización de pisos de mármol, muros de cristal y formas redondeadas le dan un sentido de gran dinamismo reflejando así la personalidad de la institución.

Right The corporate boardroom reflects all the elements utilized in the design of the spaces of this institution: mahogany panels with steel inlays, the complement of tempered glass as a table finish, and a center stage marble sculpture representing the unity and brotherhood that should exist.
Derecha El salón de consejo de la institución es un reflejo de todos los elementos utilizados en el diseño espacial de la misma: paneles de caoba con incrustaciones de acero, el complemento de cristal templado como un remate de la mesa y, en el centro, una escultura de mármol que representa la unidad y la hermandad que deben existir.

Above and right At the heart of the Mayan world is Lake Pete Itza and next to its stream, across from Flores Island, is this hotel with Caribbean architecture. The open spa is integrated with a pool that is visually united with the lake. Through the vanishing horizon, the nighttime ambiance allows complete integration.

Arriba y derecha En el corazón del mundo maya está el lago Pete Itza y en su orilla, frente a la Isla de Flores, se encuentra este hotel de arquitectura caribeña. El spa abierto se integra al conjunto de la piscina, la que a su vez se une al lago visualmente. El ambiente nocturno permite una integración completa a través del horizonte perdido.

Left With its cascade and combination of lights, the spa transforms the region's warm nighttime environment into a welcoming place that invites rest and meditation.

Izquierda Por las noches, el spa con su cascada y juego de luces transforma el ambiente cálido de la región, en un acogedor conjunto que invita al descanso y a la meditación.

Next page The restoration and functional adaptation of buildings of architectural significance is a much practiced field in our industry, given that in our cities there are many old period structures requiring reevaluation. Such is the case of this 1930s residence.

Página siguiente La restauración de edificios con algún valor arquitectónico así como el cambio de uso de los mismos es un campo muy común en nuestro medio, dado que en nuestras ciudades existen muchas edificaciones de periodos anteriores, necesarias de revaluar. Tal es el caso de esta residencia de principio de los años 30.

WATERMANIA, S.A.

JORGE MARTINEZ DEL ROSAL

WATERMANIA
14 Avenida 22-52 Zona 13
Guatemala, Centro América 01013
Telf. (502) 23-60-2734/44/54
Fax. (502) 23-60-2724
www.watermanionline.com
piscinasfiesta@terra.com.gt
watermaniasa@terra.com.gt

JORGE MARTÍNEZ DEL ROSAL and his company Watermania, S.A., specialize in pool design, construction, remodeling and landscaping. A particular trait of his trademark pools is that each one is fully integrated with its natural setting. The soothing effect created by the cascading waters and finish colors of his pools changes from daylight to nighttime, achieving tropical environments that are pleasant to sight as well as sound.

As a member of the National Spa & Pool Institute, an organization with more than 145,000 pool industry members from around the world, he has won five gold, five silver and six bronze medals at the NSPI International Design Awards. His medals were earned at the 1996, 1999, 2000, 2001, 2002, 2003 and 2004 worldwide competitions.

The rocks, cascades and coral that are incorporated in his pool designs are worthy of admiration because of their natural appearance and harmony with the surrounding ambiance.

JORGE MARTINEZ DEL ROSAL y su empresa Watermania, S.A. se han especializado en el diseño, construcción, remodelación y ambientación de piscinas, que se integran plenamente en la naturaleza del entorno, un sello particular que las distingue, logrando ambientes tropicales muy agradables a la vista y al oído. El efecto de las cascadas, el movimiento del agua y los colores interiores de las piscinas, ofrecen una vista agradable y cambiante, de día y de noche.

Como miembro del National Spa & Pool Institute, entidad que agrupa a más de 145.000 miembros de la industria de las piscinas en el mundo, ha ganado 5 medallas de oro, 5 de plata y 6 de bronce en el NSPI International Design Awards, de los años 1996, 1999, 2000, 2001, 2002, 2003, y 2004. Se trata de un concurso que realiza ese organismo anualmente a nivel mundial.

Los acabados especiales de rocas, cascadas y corales son admirados por su apariencia real y porque se integran armoniosamente en los ambientes naturales.

Left and right This project—with linear design—offers the possibility of combining exercise with esthetic beauty by imparting the illusion that the hut is floating in the pool's blue waters.
Izquierda y derecha Este proyecto, de líneas muy rectas, ofrece la posibilidad de combinar el ejercicio y la belleza estética al dar la ilusión que el rancho está flotando en el agua azul de la piscina.

Above and right The sinuous shapes of this pool are an ideal complement to the beautiful palms, that can be seen inside and outside of the pool.

Arriba y derecha Las formas sinuosas de esta piscina son un complemento ideal a la rica vegetación, donde sobresalen esbeltas palmeras situadas dentro y fuera de la piscina.

Left and Below The natural environment that surrounds this pool resulted in an artificial rock creation that is integrated in a way that it seems that the pool is an existing pond within the property.
Izquierda y Abajo *El entorno natural que rodea esta piscina permitió realizar un trabajo de roca artificial que se integra de tal manera que parece que la piscina es una poza existente dentro de la propiedad.*

Above and right This vanishing edge pool with expansive sea views has cascading waters that spill into another pool located in a lower level. The artificial rock formations complement the overall landscape.

Arriba y derecha Esta piscina, con un "vanishing edge" con vista hacia el mar, tiene varias áreas entre las cuales está la de la cascada que cae hacia una piscina ubicada a un nivel más bajo. El trabajo de roca artificial complementa el entorno del lugar.

Below This huge and irregular-shape pool has a bridge that allows crossing from one side of the deck to the other, providing an informal, yet gracious, look. The plants chosen to surround the pool mimic the locale's tropical landscape.
Abajo De formas sinuosas y gran tamaño, esta piscina cuenta con un puente que permite cruzar de un lado a otro del deck, ofreciendo además un aspecto gracioso e informal. La vegetación que se ha sembrado alrededor de la piscina reproduce al ambiente tropical del país donde se sitúa.

Above and Below This pool with geometric lines is surrounded by the residential complex where it is located. The focal point is the Jacuzzi with a wood roof that provides a cool and airy environment.
Arriba y Abajo Esta piscina de formas geométricas está rodeada del complejo residencial donde se encuentra situada. El jacuzzi es el centro focal de la misma y cuenta con un techo de madera que mantiene un ambiente fresco y aireado.

Above This beautiful pool, with its two islands, offers a delightful view from the home's living room. It features a vanishing edge with a cascade of water that spills into another pool that has a counter-current swimming system and in-water seating with sea views.
Arriba *Esta bella piscina, con sus dos islas, ofrece una vista muy especial desde la sala, ya que tiene un "vanishing edge" del cual cae una catarata de agua hacia otra piscina donde hay un sistema de nadar contra corriente y una banca con vista hacia el mar.*

ALFREDO BRITO

1000 Quayside Terrace - Suite 412
Miami, Florida 33138 USA
Telf. 305.895.8539
Fax 305.893.1962
www.britointeriors.com

H&C, S.A.
32 Avenida 8-86 Zona 10,
Colonia El Prado.
Ciudad de Guatemala, Guatemala 01010.
Teléfono: 502-2369-7330
Fax: 502-2369-4322
geoffreyhess@yahoo.com
www.habitart.net/hess

GEOFFREY HESS VIZCAÍNO

GUSTAVO ALBERTO LÓPEZ

Calle 14 No. 26-20
Edificio Los Girasoles
Barrio Los Alamos
Pereira - Risaralda - Colombia
Telf. (57) 310 455 3769
Fax (57) 6 321 5327
jojolosa@telesat.com.co

500 Durham
Houston, TX 77007
Telf. 713 803 4999
Fax 713 803 4998
info@jpdg.com
www.janepagedesigngroup.com

JANE PAGE DESIGN GROUP

JAVIER SOTO

Javier Soto Interiors
3060 Coral Way, Suite #1
Miami, Florida 33145
Telf. 305.648.0885
Fax 305.648.3916
jsotoind@bellsouth.net

Jose Eduardo Alonzo Sosa-Arquitecto
Calle 20 X 13 Itzimna Num. 236 interior 2
Colonia México Oriente
Telf. (9999) 27-20-17
Fax (9999) 26-63-89
jasarquitectos@prodigy.net.mx
www.josealonzo.com

JOSÉ EDUARDO ALONZO SOSA

KRIS KOLAR

Vice President, Interior Design
Robb & Stucky Interiors
14550 Plantation Road
Fort Myers, FL 33912
Telf. 239 437 7997
Fax 239 437 5950
www.RobbStucky.com

Km. 14.4 Carretera a El Salvador
Guatemala, América Central
Telf. y Fax 502 6640 5040
502 6640 5046
info@laespanolamuxbal.com
www.laespanolamuxbal.com

LA ESPAÑOLA MUXBAL

LOURDES MUÑOZ

Lourdes Muñoz Interiors
Allied Member ASID
Telf. 305.264.4004.
Fax 305.264.4004.
info@lourdesmunozinteriors.com
www.lourdesmunozinteriors.com

Fotos: Barry Grosman

Casa del Encanto
6939 East. 1st Avenue
Scottsdale, Arizona 85251
Telf. 480.970.1355
Fax 480.970.1399
www.casadelencanto.net

LUIS CORONA / MICHAEL BARRON

LUIS LOZADA

Architectural Design Form Group Corp.
6001 Powerline Road
Ft. Lauderdale, FL 33309
Telf. 954 489 1548
Fax 954 489 1640
formmiami@aol.com
www.formcorp.ne

Fotos: Roy Quesadat

Arias Design Group
Coruña 26-23 y González Suárez
Quito, Ecuador
Telf. 223 2797
Fax 256 9168
ariaslopezmario@yahoo.com

MARIO ARIAS

PERLA LICHI

PERLA LICHI DESIGN
7127 N. Pine Island Road
Fort Lauderdale, Florida 33321
FL ID No. 1727 . FL ID No. 1037 .
FL ID No. 1039
Telf. 954.726.0899
Fax 954.720.5828
www.perlalichi.com

LEVINE, CALDERIN & ASSOCIATES
3814 N.E. Miami Court
Miami, Florida 33137
Telf. (305) 576 0254
Fax (305) 576 0259
www.levinecalderin.com
info@levinecalderin.com

RICHARD LEVINE / PEPE CALDERIN

ROBERTO SÁNCHEZ

Roberto Sánchez Design
824 NW 28 Street
Wilton Manors, Florida, 33311
Telf. 954.568.7094
Cell. 954.614.1793
Fax 954.568.3217
robertohector@bellsouth.net

7a. Ave. 11-63, Z. 9 Sótano
Galerias España, Local C-1
Guatemala, Guatemala 01009
Telf. (502) 2361 2470
Fax. (502) 2331-9886
info@seisarquitectos.com

SEIS ARQUITECTOS. S.A.

STUART GELLER

GELLER DESIGN GROUP, INC.
20774 West Dixie Highway
Aventura, FL 33180
Telf. 305.937.0111
Fax 305.932.1912
stuart@gellerdesigngroup.com
License ID #0001705

D.D.R.I. Uribes y Asociados
González Suárez N. 27-147 y 12 de
Octubre
Quito-Ecuador
Telf. 593-2-252-7336
Fax. 593-2-252-8567
uribes@interactive.net.ec

URIBES

VALLADARES & BERNHARD

4a. Avenida 8-77 Zona 10
Guatemala, Guatemala
Tel.: (502) 2331 0163
Fax (502) 2334 1133
gvalladares@intelnet.com
www.habitart.net/vyb

WATERMANIA
14 Avenida 22-52 Zona 13
Guatemala, Centro América 01013
Telf. (502) 23-60-2734/44/54
Fax. (502) 23-60-2724
www.watermanionline.com
watermaniasa@terra.com.gt

PISCINAS FIESTA
Avenida Hincapie 22-52 Zona 13
Guatemala, Centro América 01013
Telf. (502) 23-60-2734/44/54
Fax. (502) 23-60-2724
piscinasfiesta@terra.com.gt

WATERMANIA / PISCINAS FIESTA

ADVERTISERS / ANUNCIANTES

Courtesy to the trade © Kreiss Collection 2005

UN INTERIOR DE KREISS COMBINA PIEZAS SELECTAS DE NUESTRA COLECCIÓN DE MUEBLES, TELAS,
ACCESORIOS Y ROPA DE CAMA QUE AFIRMAN SU ESTILO Y SU GUSTO INDIVIDUAL. PARA INFORMARSE
SOBRE UNA CONSULTA DE CORTESÍA CON NUESTRO EQUIPO PREMIADO DE DISEÑO, VISITE
UNO DE NUESTROS 19 SALONES DE EXHIBICIÓN A TRAVÉS DE LA NACIÓN. PARA UNA COPIA DEL
CATÁLOGO DE NUESTRA COLECCIÓN, LLAME AL 1-800-KREISS-1 O VISÍTENOS EN WWW.KREISS.COM

OPULENCIA CASUAL

INT_RIORES EXCLUSIVOS DE KREISS

Sólo ofrecemos Grandes Cocinas

florida builder
A P P L I A N C E S

¿Necesita un gran equipo de cocina...o una habitación llena de ellos?

Venga y seleccione entre más de 40 de las mejores y más exclusivas marcas del mundo.

Somos el distribuidor de electrodomésticos más grande de la Florida y desde 1975 hemos hecho realidad los sueños que los más exigentes propietarios de casas y los mejores profesionales del diseño tienen a la hora de seleccionar las cocinas.

Nuestros hermosos showrooms presentan viñetas espectaculares con los equipos de marcas con los que Usted sólo había podido soñar...hasta ahora. ¡Venga con sus ideas o con sus maquetas y vea y toque antes de comprar!

Uno de nuestros expertos en el campo del diseño trabajará con Usted desde el principio hasta el final, solucionando todas sus necesidades. Cuando abandone nuestro showroom, su única preocupación será decidirse por una de esas famosas recetas de su creación que por primera vez preparará en su nueva y fascinante cocina.

Llámenos, visite hoy uno de nuestros showrooms o navegue por www.FBAWEB.com

RESOURCENTER AT DCOTA, Dania Beach 954-920-7997 • Miami 305-669-0910 • Naples/Bonita Springs 800-773-0677
Pompano Beach 800-443-2671 • Sarasota 888-677-2645 • Tampa 800-562-0091 • West Palm Beach 800-525-5287

Abbaka
Alfresco
Asko
Best
Bosch
Broan
Dacor
DCS
Diva De Provence
Electrolux ICON
Everpure
Faber
Fisher & Paykel
Franke
Frigidaire
Gaggenau
Independent
Iron-A-Way
Jenn-Air
KitchenAid
Kuppersbusch
KWC
La Cornue
Marvel
Maytag
Miele
ProFire
Rohl
Scotsman
Sharp
Sub-Zero
Thermador
U-Line
Vent-A-Hood
Viking
Whirlpool
Wolf
and more

COSABELLA®

www.cosabella.com

KREISS COLLECTION

From drawing board to dream home, the Kreiss Collection can assist with every detail and give one room - or an entire house - the unique Kreiss look of elegance and casual comfort. Shown: the Panama Collection exclusively at Kreiss Collection Showrooms: New York (212) 593-2005, Coral Gables (305) 441-0020 and West Palm Beach (561) 514-0400.

www.kreiss.com.

DESDE LA IDEA inicial hasta la realización de su casa ideal, Kreiss Collection puede ayudarle en cada uno de los detalles y proporcionarle desde una habitación -hasta la casa entera- con el sello característico de Kreiss, que define la elegancia y el comfort casual. En la foto, muebles de la Colección Panamá, de venta exclusiva en los showrooms de New York (212) 593 2005, Coral Gables (305) 441 0020 y West Palm Beach (561) 514 0400.

www.kreiss.com

FLORIDA BUILDER APPLIANCES

Since 1975, we have been making kitchen dreams come true for Florida's most discerning homeowners and kitchen designers. As Florida's largest distributor of the world's finest appliances and kitchen plumbing brands, we offer over 40 major brands. Florida Builder Appliances will help make your kitchen dream come true, too! It's easy. Our impressive showrooms feature spectacular kitchen vignettes filled with great appliance brands. Shop where the professionals shop! Bring your ideas or blueprints and see and touch before you buy! It's complete. One of our trained staff will personally work closely with you from start to finish to ensure all your needs are met.

It's time you had the dream kitchen you deserve. Call or visit one of our convenient showrooms. Miami, Naples/Bonita Springs, Pompano Beach, Sarasota, Tampa, West Palm Beach and opening spring 2006 our new St. Lucie showroom.

www.FBAWEB.com or 800-923-3411

DESDE 1975, estamos convirtiendo en realidad los sueños que, sobre las cocinas, tienen los más exclusivos propietarios de viviendas y diseñadores. Como el mayor distribuidor de la Florida de los más finos electrodomésticos del mundo, ofrecemos más de 40 marcas exclusivas de equipos y sistemas para las cocinas. En nuestros amplios salones de exhibición y venta hay espectaculares viñetas llenas de los modelos más bellos. ¡Compre donde lo hacen los profesionales! Venga con sus ideas y proyectos y vea antes de comprar. Nuestro equipo de profesionales estará a su lado desde el momento que seleccione su modelo de cocina hasta cuando la instale.

Ya ha llegado la hora para que Usted tenga la cocina que se merece. Llámenos o visite uno de nuestros showrooms en Miami, Naples/Bonita Springs, Pompano Beach, Sarasota, Tampa, West Palm Beach y, a partir de la primavera del 2006, también en St. Lucie.

www.FBAWEB.com o llame al 800-923-3411

COSABELLA MARE introduces its second swimwear collection. This season the line is a reflection of the cultures from India and Africa. The collection in characterized by old ethnic prints in intense colors such as flame orange, sky blue and tropical green, contrasted by hot white. With rich details and textures, including macrame trims, wooden hardware and natural shell and bead embellishments, the line is reminiscent of theses vibrant locals. In perfect yuxtaposition, these exotic influences are balanced by modern, sexy silhouette, creating an urban safari aesthetic.

www.cosabella.com

COSABELLA MARE presenta su segunda colección de trajes de baño. Para esta temporada, los diseñadores se inspiraron en las culturas de India y Africa. Por eso, la colección está caracterizada por diseños étnicos realizados en colores muy intensos como el naranja-fuego, el azul cielo y el verde tropical, contrastados con el cálido blanco. Además, ofrece detalles y tejidos que reflejan las tradiciones de esos lugares, como adornos de macramé, piezas de madera y elementos marinos. El resultado es una línea de trajes de baño que nos trasladan a esas exóticas plazas. Al mismo tiempo, el armónico diseño de estos modelos crean una silueta muy moderna, ofreciendo un aire de safari urbano.

www.cosabella.com

XII *Aniversario*

Doce años dedicados a la promoción de los más exquisitos talentos y conceptos del mundo del diseño, la arquitectura, la decoración de interiores y el arte. Doce años en los cuales Casa & Estilo Internacional se ha destacado como la publicación Hispana más importante y reconocida de su industria.

Sea usted también parte de nuestro exclusivo mundo. Permita al mercado Hispano de alto poder adquisitivo conocer los productos y servicios que su empresa ofrece. Anúnciese en

CASA & ESTILO
INTERNACIONAL

Su punto de encuentro con el mundo del diseño, la decoración, el arte y la arquitectura.

*Para suscripciones, llamar al **1-800-848-0466**. Para anunciar sus productos o servicios llame al **1-800-848-0466** o escriba al correo electrónico janino@casayestilo.com*

BECAUSE STYLE SHOULD ALSO APPLY TO YOUR *Wardrobe*

estilonet.com

FEATURING THE MOST COMPLETE SELECTION OF FINE, ITALIAN, COSABELLA LINGERIE AND OUTERWEAR

COSABELLA

Jacqueline Lace Camisole and Lowrider Thong